Ilona vient avec la pluie

Du même auteur aux Éditions Grasset :

UN BEL MORIR, roman, traduit par Éric Beaumatin.
LE DERNIER VISAGE, récits, traduits par François Maspero.
LA NEIGE DE L'AMIRAL, roman, traduit par Annie Morvan. (*Prix Médicis Étranger.*)
LA DERNIÈRE ESCALE DU TRAMP STEAMER, roman, traduit par Chantal Mairot.

Alvaro
Mutis

Ilona vient avec la pluie

Traduit de l'espagnol par

ANNIE MORVAN

Bernard Grasset
PARIS

L'édition originale de ce livre a été publiée sous le titre :

ILONA LLEGA CON LA LLUVIA

A mon frère Leopoldo

*Qedeshím qedeshóth *, personnage, théologienne*
folle, airain, hurlement
d'airain, Augustin
d'Hippone aussi, lui-même étourdi et
pécheur en Afrique, aurait
volé pour une nuit le corps de la
Phénicienne diaphane. Moi
pécheur je confesse à Dieu.

Gonzalo Rojas, *Qedeshím qedeshóth*

« Son amour désintéressé du monde m'enrichit et m'insuffla une force invincible pour les jours difficiles. »

Gorki, *Enfance.*

* En phénicien : courtisane du temple.

Alvaro Mutis / Ilona vient avec la pluie

Alvaro Mutis est né à Bogota, Colombie, le 25 août 1923. Deux années plus tard, sa famille, liée à la diplomatie, part pour Bruxelles. Alvaro Mutis y fera ses études primaires, une partie de ses études secondaires, et restera marqué à vie par la culture et la langue françaises dont il est un parfait connaisseur.

En 1939, il rentre à Bogota et collabore très tôt à plusieurs revues. El Tiempo *et* El Espectador, *les deux principaux journaux de Bogota, publient ses poèmes et ses articles. Très vite il se fait connaître pour la qualité de sa poésie. Son premier livre,* La balanza, *est édité en 1947, et en 1952 la célèbre maison d'édition Losada publie à Buenos Aires* Los elementos del desastre. *Il a travaillé comme chef de publicité à Bogota et puis à la Standard Oil, faisant souvent de longs voyages qui sont comme le reflet réel des voyages imaginaires de Maqroll, son héros emblématique.*

En 1956 il s'installe à Mexico pour fuir la junte colombienne. Il y poursuit son œuvre avec Resena de los hospitales de Ultramar *(1959), un livre de récits :* Diario de Lecumberri *(1960), et un recueil de poèmes,* Los trabajos perdidos *(1961).*

En 1973, l'ensemble de son œuvre poétique est publié à Barcelone sous le titre : Suma de Maqroll el Gaviero*; de ces poèmes naîtra quelques années plus tard, avec Maqroll pour personnage central, l'œuvre en prose.*

En 1974, paraît un recueil de nouvelles ayant pour titre : La mansion de Araucaíma. *Puis Alvaro Mutis publie trois nouveaux livres de poèmes :* Caravansary *(1981),* Los emisarios *(1984) et* Cronica regia y alabanza del reino *(1985).*

En 1985, il aborde une œuvre romanesque avec une trilogie, Empresas y tribulaciones de Maqroll el Gaviero, *dont les volumes s'intitulent successivement* La Nieve del Almirante *(la Neige de l'Amiral),* Ilona llega con la lluvia *(Ilona vient avec la pluie) et* Un bel morir. La ultima escala del tramp steamer *(la Dernière Escale du Tramp Steamer) est apparentée à cette trilogie car le personnage en est également Maqroll el Gaviero, double d'Alvaro Mutis, un alter ego qui, dit-il, irait jusqu'au bout des choses, de l'inanité des choses, en encaissant toute la souffrance, et toute la dérision.*

Alvaro Mutis a reçu de nombreuses distinctions pour son œuvre. La Neige de l'Amiral *lui a valu, en France, le prix Médicis Étranger en 1989.*

L'intégralité de ses poèmes écrits de 1947 à 1985 paraît en 1992 chez Grasset dans une traduction de François Maspero sous le titre : les Éléments du désastre. *L'ensemble de ses nouvelles écrites entre 1958 et 1990 et traduites également par François Maspero a été publié par Grasset en 1991 sous le titre :* le Dernier Visage.

Ilona vient avec la pluie est le deuxième volet des « Entreprises et tribulations de Maqroll el Gaviero. » Ce personnage, né du monde subtil de la poésie d'Alvaro Mutis, est entré tardivement dans l'épopée romanesque pour affirmer une conception très personnelle du temps et de la vie où la seule loi acceptable est le refus de demeurer au port afin de vivre l'errance humaine le plus intensément possible. Bourlingueur infatigable, Maqroll el Gaviero n'a de cesse qu'il ne sillonne les mers, les fleuves, les océans, en quête *d'un ailleurs vital et rédempteur qui n'est que chimère, illusion inhérente à la condition humaine. C'est pourquoi ses aventures ne sont pas une succession d'événements soumis à une progression dramatique, mais répondent à une métaphysique où le voyage est le fondement même de la vie :* navigare necesse, vivere non necesse. *Échoué à Panama, à la suite d'un voyage qui s'est achevé par le suicide du capitaine du bateau, Maqroll sait que devant d'aussi mauvais augures, le mieux est de se résigner et d'attendre. « Tout est égal, songe-t-il, tout revient au même. Ce qui n'est pas égal, c'est ce que nous portons en nous, cette folle hélice qui ne s'arrête jamais. Voilà le secret, voilà ce qui ne doit jamais tomber en panne. » Mais alors que tout semble perdu, qu'il vit d'expédients et que la ville le condamne peu à peu à une misère certaine, arrive Ilona. Elle est la beauté, l'aventure imminente, un vieil amour, la sexualité exultante, la complice de toujours, celle qui partage avec Maqroll le même sens de l'aventure, la même impossibilité de se fixer jamais nulle part. Elle est son égale, et grâce à elle la folle hélice va se remettre à tourner. Maqroll et Ilona savent qu'à terre ils ne sont que de passage et, incapables de se plier à la banalité du sort, ils se lancent dans une entreprise mirifique, en marge de la loi. L'idée est d'Ilona : ils ouvriront un lupanar de luxe où les pensionnaires se feront passer pour des hôtesses de l'air. L'affaire se révèle lucrative et donne à Alvaro Mutis l'occasion de peupler son roman de personnages secondaires, prostituées et clients, pour démultiplier l'aventure et lui rendre le sens de l'anecdote. Jusqu'au jour où la prophétie énoncée par Maqroll dans* la Neige de l'Amiral * *s'accomplit : « Glisser vers la mort est l'œuvre essentielle de chaque jour; l'univers érotique est pour moi la condition inhérente de cette œuvre. » La mort apparaît, en effet, sous les traits de Larissa, une pensionnaire à la beauté mystérieuse, qui semble surgir de l'histoire et qui, telle une sorcière, envoûte peu à peu Ilona,* *l'obligeant à sortir du jeu. Une fois de plus, l'échec se transforme en tragédie et il ne reste plus à Maqroll qu'à reprendre le chemin de l'aventure, seul moyen pour lui d'échapper à l'omniprésence de la mort.*

Ilona vient avec la pluie *est écrit à la première personne, après une brève introduction dans laquelle l'auteur annonce au lecteur qu'il va donner la parole à son personnage. Alvaro Mutis s'efface ainsi devant Maqroll, son double, refusant de servir d'intermédiaire entre sa créature et le lecteur. Il ne fait que donner à Maqroll une plus grande conscience de sa condition de personnage, le reliant à la fois au monde de la picaresque du siècle d'or espagnol et à celui, dévorant et mortel, des tropiques. Tel le célèbre Ginès de Pasamonte de l'univers cervantien, Maqroll, par la magie d'Alvaro Mutis, se sait personnage, s'impose comme tel et raconte lui-même ses propres aventures dans un monde où l'homme est condamné à errer, où toute finalité n'est qu'illusion mais où tout peut, à tout moment, arriver.*

De port en port, de bateau en bateau, Alvaro Mutis balade l'âme d'un Gaviero errant, philosophe nostalgique et résigné qui pour survivre n'a d'autre choix que de se laisser tomber dans les pièges, toujours tragiques, toujours mortels, du hasard.

* Aux Éditions Grasset, collection : Les Cahiers Rouges.

Au lecteur

Maqroll el Gaviero préférait, pour les raconter à ses amis, les événements de sa vie rehaussés d'une certaine puissance dramatique, d'une certaine tension qui pouvait aller, parfois, jusqu'à une évidente veine lyrique lorsqu'ils ne débouchaient pas sur un mystère et, par conséquent, sur une inévitable interrogation métaphysique et son impossible réponse. Toutefois, ceux qui l'ont connu de près comme nous et fréquenté durant de nombreuses années savent que certaines périodes de cette existence ô combien mouvementée, sans être tout à fait dépourvues des caractéristiques ci-dessus mentionnées et chères à notre conteur, tendent plutôt à révéler un aspect marginal du personnage qui frôlait parfois les limites établies par le Code pénal pour le bon gouvernement de la société, quand il ne les franchissait pas au vu et au su de tous. La morale, dans le cas d'el Gaviero, était un domaine singulièrement mal-

léable qu'il avait coutume d'ajuster aux circonstances du présent. Il ne se souciait pas des conséquences que pourraient avoir ses transgressions dans l'avenir et les oubliait ensuite avec facilité; celles qu'il avait commises dans le passé n'alourdissaient guère sa conscience. Passé et avenir n'étaient pas, soit dit en passant, des notions qui pesaient beaucoup sur l'esprit de notre homme. Il donnait toujours l'impression que son seul et unique propos était d'enrichir le présent de tout ce qui, en chemin, se présentait à lui. Il était évident, et tous ceux qui l'ont connu aussi bien ou mieux que moi s'accordent sur ce point, que les décrets, les principes, les règlements et les préceptes qui, mis bout à bout, constituent ce que l'on appelle la loi n'avaient pas grand sens pour Maqroll, pas plus qu'ils n'accaparaient un seul instant de sa vie. C'était quelque chose qui s'appliquait hors d'une orbite vitale circonscrite à ses propres affaires, et qui ne devait pas le détourner de ses desseins personnels et quelque peu capricieux.

J'ai écouté mon ami raconter, lorsqu'il naviguait entre le vin et les souvenirs, certains épisodes de sa vie, qui n'étaient pas ceux qu'il relatait le plus souvent quand l'envahissait la nostalgie, la soif, dirais-je plutôt, de l'inconnu. Certains d'entre eux sont ici rapportés de la bouche même de leur protagoniste. Ils m'ont paru intéressants pour qui souhaite mieux connaître cet autre aspect du personnage, et j'ai pris grand soin de les reprendre souvent avec lui, jusqu'à les fixer dans ma mémoire avec l'inflexion même de la voix et les digressions qu'el Gaviero affectionnait tant.

Il est inutile de dire que je ne crois pas que Maqroll gardait ces épisodes pour lui parce que leur évidente marginalité les lui rendait inavouables ou pénibles. Je crois plutôt qu'il souhaitait ne pas mêler d'autres personnes à des péripéties que celles-ci eussent souhaité cacher ou oublier, par pudeur ou par crainte, raisons qui pouvaient être sérieuses dans leur cas mais qui, pour el Gaviero, ne comptaient nullement. Enfin, je me suis sans doute trop étendu sur cette explication inutile, mais les lettres d'imprimerie ont un caractère si définitif et si compromettant qu'il m'était difficile de la livrer sans précautions particulières à l'attention des lecteurs potentiels de ces pages. C'est tout ce que je voulais dire, et, maintenant, laissons parler notre ami.

Cristobal

Lorsque j'ai vu s'approcher l'embarcation grise des douaniers avec le pavillon du Panama flottant fièrement en poupe, j'ai immédiatement su que nous étions arrivés au bout de notre tumultueuse traversée. A dire vrai, au cours des dernières semaines, chaque fois que nous avions accosté dans un port, nous nous étions attendus à une visite comme celle-là. Seul le laxisme avec lequel, dans les Caraïbes, on expédie les affaires bureaucratiques nous avait protégés contre une telle éventualité. L'embarcation se frayait un chemin au milieu d'un marécage gris, à la surface duquel flottaient des restes anonymes d'ordures et d'oiseaux morts qui commençaient à se décomposer. La surface huileuse se fendait au passage de la quille, soulevant une vague indolente qui allait mourir paresseusement un peu plus loin.

Nous étions loin du désordre éternel et fantasque de la mer. Trois fonctionnaires, dans leurs uniformes kaki largement tachés de sueur sous les aisselles et dans le dos, grimpèrent l'échelle de coupée avec une lenteur solennelle. Celui qui semblait être le chef, un Noir de ceux que l'on appelle ici Jamaïcains parce que les Yankees avaient amené leurs ancêtres depuis cette île pour les faire travailler à la construction du canal, nous demanda, dans un espagnol informe, truffé d'anglicismes, où était le capitaine du bateau. Je les conduisis sur le deuxième pont et frappai à plusieurs reprises à la porte de la cabine. Une voix opaque et fatiguée finit par répondre : « Entrez. » Je les fis passer et, après avoir refermé la porte derrière eux, je retournai près de l'échelle de coupée où j'avais entamé une conversation avec le contremaître. Le moteur du bateau ronronnait sur un rythme scandé de hoquets inattendus, tandis qu'une chaleur implacable, qui descendait d'un ciel sans nuages, augmentait le remugle des végétaux en décomposition et des palétuviers boueux qui séchaient au soleil en attendant la prochaine marée.

– Voilà. C'est fini. Maintenant, chacun pour soi et on verra bien ce qui arrivera, dit le contremaître, en regardant vers les quais de Cristobal comme si la réponse à son inquiétude pouvait venir d'eux.

Cornélius était un petit Hollandais grassouillet qui fumait sans répit une pipe bourrée d'un mauvais tabac. Il parlait un espagnol impeccable qu'il avait enrichi des imprécations les plus variées et les plus pittoresques. On eût dit qu'il les avait collectionnées tout au long de ses années de navigation dans les îles, car elles constituaient un authentique inventaire de la scatologie caribéenne. Au début de notre voyage, il avait semblé manifester à mon endroit une certaine méfiance, née de cette susceptibilité qui s'empare des gens de mer lorsqu'ils atteignent un poste de commandement. Ils se méfient toujours des étrangers qui pourraient envahir ce qu'ils considèrent comme leur domaine. J'étais parvenu très vite à dissiper cette attitude première du Hollandais et nous avions fini par établir une relation distante, mais cordiale et ferme, grâce à la reconstitution d'anecdotes et d'expériences communes qui s'achevaient en un tonnerre d'éclats de rire ou s'en allaient mourir derrière un rideau de nostalgie rêveuse et triste.

– Wito ne peut échapper à l'embargo. C'est

comme s'il l'avait cherché depuis longtemps. S'il perd le bateau et, avec lui, sa façon de vivre, tout finira par s'arranger pour lui. Ce sera comme arrêter une routine en laquelle il a depuis longtemps cessé de croire. Il y a des lustres que tout cela l'ennuie à mourir. C'est du moins ce que j'ai pu déduire de son attitude pendant le voyage. Qu'en pensez-vous, Cornélius, vous qui le connaissez mieux que moi? Depuis quand travaillez-vous ensemble?

Je tentais de soutenir la conversation sans grande conviction tandis que là-haut s'accomplissait l'obscure cérémonie judiciaire qui nous menaçait depuis plusieurs semaines.

– Il y a onze ans que nous sommes ensemble, répondit le contremaître. Ce qui a foutu en l'air le destin du pauvre Wito, c'est la fuite de sa fille unique avec un pasteur protestant des Barbades, marié et père de six enfants. Il a abandonné fidèles, église et famille, et a emmené la petite. La pauvre, en plus d'être laide, est à moitié sourde. A partir de là, Wito a commencé à se fourrer dans des affaires invraisemblables. Il a hypothéqué le bateau et, je crois, une maison à Willemstad. Vous savez ce que c'est. Faire un trou pour en boucher un autre. Il n'est pas impossible que ces salauds soient là pour lui régler son compte.

Il haussa les épaules et, tirant fortement sur sa pipe, il regarda vers la cabine où se poursuivait un dialogue à l'issue fort prévisible. Les douaniers sortirent peu après. Ils rangèrent des papiers dans leurs serviettes, saluèrent en portant nonchalamment la main à la visière de leurs casquettes, descendirent l'échelle de coupée et remontèrent dans le canot. Celui-ci se dirigea vers Cristobal en fendant doucement l'eau de la baie.

Le capitaine apparut à la porte de la cabine et m'appela :

– Maqroll, voulez-vous monter un moment s'il vous plaît?

Cette fois sa voix était ferme et tranquille. Nous entrâmes et il m'invita à m'asseoir devant la table qui lui servait de bureau. C'était la même que nous utilisions pour les repas. Il paraissait soulagé d'un grand poids. De taille moyenne, maigre, avec des traits émaciés et roublards, il avait les yeux presque enfouis sous d'épais sourcils hirsutes et gris. Ce qui, d'emblée, retenait l'attention dans sa physionomie était qu'elle n'avait rien d'un marin. Aucun de ses gestes ne permettait de l'apparenter aux gens de mer. Il était plus facile de l'imaginer préfet d'un internat ou professeur de sciences naturelles. Il parlait avec lenteur et précision, presque pompeusement, détachant chaque mot et terminant ses phrases par une légère pause comme s'il attendait que quelqu'un prît note de ce qu'il était en train de dire. Cependant, derrière ces airs savants, il était facile de distinguer un vague désordre de sentiments, le souci de cacher ce qui pouvait être une blessure secrète et douloureuse. Ceux qui l'avaient fréquenté pendant plusieurs années étaient conduits à éprouver à son endroit une indulgence tiède qui, pourtant, ne débouchait jamais sur une relation profonde et durable. Quelque part en lui était gravé ce signe qui distingue les vaincus et qui finit par les isoler irrémédiablement de leurs semblables.

– Eh bien, Maqroll, commença-t-il par me dire, plus lentement que jamais, il s'agit du bateau, comme vous devez vous en douter. Un groupe de banques possédant des succursales au Panama a mis l'embargo dessus.

Il semblait vouloir s'excuser à l'avance. J'éprouvais devant lui l'impression pénible de celui qui est sur le point d'écouter une confidence qu'il eût souhaité ne pas entendre.

Un petit ventilateur accroché au mur, en face de nous, bourdonnait et tournait lentement, sans parvenir à rafraîchir l'atmosphère pesante dans laquelle flottait une odeur de sueur imprégnée dans ses vêtements, et de tabac froid.

– Ce que je craignais depuis plusieurs mois, poursuivit-il, est arrivé. J'ai perdu le bateau et une petite maison que j'avais à Willemstad. Un nouvel équipage, engagé par les banques, conduira le bateau jusqu'à Panama. Le contremaître et vous, si vous le désirez, pouvez traverser le canal avec eux et descendre à Panama. Vous y serez payés selon les termes fixés par le contrat de travail que vous avez signé avec moi. Maintenant, si vous préférez rester ici, vous serez payés de même. Il suffit de le faire savoir. C'est comme vous voudrez.

– Et vous, capitaine? Que pensez-vous faire? lui demandai-je, préoccupé par la froideur tranquille avec laquelle il prenait les choses.

– Ne vous inquiétez pas pour moi, Maqroll. C'est très aimable à vous. Tout est prêt pour que je... – Il hésita, en proie à une pudeur fugace mais évidente, et poursuivit. – S'il est une chose importante dans ma vie, c'est d'avoir pu compter sur votre amitié.

J'ai appris de vous beaucoup de choses que vous ne soupçonnez sans doute pas. Grâce à elles j'ai survécu plus ou moins bien, en préservant toujours ce que vous appelez « les dons par lesquels la vie nous surprend ». Il y aurait beaucoup à dire sur ce point, mais je crois que l'heure n'est pas aux confidences. En outre, j'ai le sentiment que vous êtes plus informé que moi.

Il se leva avec une certaine brusquerie pour me prendre la main, qu'il me serra fortement comme pour y déposer toute la chaleur que ses paroles évitaient. Alors que je sortais, il me pria de dire à Cornélius de monter lui parler.

Wito consacra moins de temps au contremaître qu'à moi. Lorsque le Hollandais revint, j'étais absorbé dans la contemplation du port, tandis qu'un abattement sourd grandissait en moi à mesure que se prolongeait le silence de cette eau morte et fangeuse. Un silence qui paraissait naître de la chaleur de l'après-midi, et qui augmentait à mesure que celle-ci s'étendait dans le ciel en un brouillard nacré et traître. Cornélius s'appuya contre le bastingage de cuivre brillant, tournant le dos à la mer. Il ne fit aucun commentaire sur son entrevue avec le capitaine. Il savait que c'était inutile, et qu'elle ne devait guère être différente de celle que nous avions eue, Wito et moi. Il tirait sur sa pipe avec le souffle court de qui veut écarter de son esprit une idée obsédante et lacérante.

Le coup de feu résonna comme un claquement de bois sec. Le couple de mouettes qui somnolait sur l'antenne s'envola. Un brouhaha d'ailes et de cris se perdit avec elles dans le ciel qui s'assombrissait par instants. Nous montâmes en courant. En entrant, une intense odeur de poudre nous prit à la gorge. Le capitaine, assis sur sa chaise, glissait lentement vers le sol. Il avait le regard vitreux et perdu des agonisants. Un mince filet de sang descendait de sa tempe pour se mêler à deux autres qui coulaient de son nez. La bouche souriait en un rictus complètement étranger aux mimiques usuelles de Wito. Nous éprouvâmes une gêne singulière, comme si nous étions en train de violer l'intimité d'un être que nous savions différent et inconnu. Le corps acheva de tomber avec un bruit sourd, tandis que le bourdonnement du ventilateur se frayait un chemin dans ce silence qu'impose la mort lorsqu'elle veut signaler sa présence parmi les vivants.

Nous alertâmes par radio les autorités portuaires qui ne tardèrent pas à arriver. Elles vinrent dans le même canot qui nous avait rendu visite peu auparavant. Cette fois il y avait à bord trois policiers vêtus de blanc et un médecin qui tentait d'enfiler maladroitement sa blouse, blanche elle aussi, pour se donner grâce à elle un air plus ou moins professionnel qui ne s'accordait pas du tout à son type de mulâtre danseur de cumbias, crépu et jouisseur. Les démarches durèrent peu. Les policiers descendirent le cadavre dans un sac en plastique gris et le laissèrent tomber au fond du canot comme une sacoche de courrier. Lorsqu'ils s'éloignèrent, la nuit était complètement tombée. Les lumières du port se mirent à briller, avec leurs enseignes au néon criardes. La musique des boîtes de nuit et des restaurants annonçait le début de la fête triste et rauque des Tropiques antillais.

Nous nous étions retrouvés à La Nouvelle-Orléans après que des années avaient passé sans que nous ne sachions rien l'un de l'autre. J'étais entré dans un magasin de Decatur Street, qu'une enseigne arrogante et trompeuse proclamait « Gourmet Boutique ». On y exposait une collection d'objets inutiles et stupides prétendument destinés à un bar ou à une cuisine, ainsi qu'une variété d'aliments et d'épices d'origines et de marques diverses qui ressemblaient douteusement, par leur emballage, à ceux que certaines boutiques de Londres, Paris ou New York, vendent soi-disant en exclusivité. Je voulais acheter un peu de confiture de gingembre. C'est une de mes passions secrètes que je conserve toujours, même dans les pires moments de pénurie. Le prix indiqué sur le pot était à ce point élevé que je me suis dirigé vers la caisse pour m'assurer qu'il était correct. Wito était là, qui payait deux boîtes de thé Darjeeling, sa boisson favorite. Avant même de prononcer un mot, nous nous sommes regardés en souriant, avec la vieille complicité de ceux qui connaissent leurs faiblesses respectives et se surprennent en flagrant délit de les assouvir. Wito insista pour régler mon gingembre après une explication mielleuse du propriétaire de la boutique sur le prix excessif du produit. Il avait cet accent de Brooklyn qui indique à l'avance que l'on perdra la partie. Nous sommes sortis ensemble. Mon ami, après avoir exprimé les plus grands doutes sur l'authenticité du thé et du gingembre en question, m'invita à déjeuner. Un cuisinier jamaïcain était à son service, qui savait préparer un jambon aux prunes digne de tous les honneurs. Le bateau était ancré devant les quais de Bienville, juste en face de la boutique où nous nous étions rencontrés. C'était un cargo peint en un jaune rageur, comme je n'en avais vu que sur la gorge des toucans de Carare. Le pont de commandement et celui des cabines et des bureaux étaient d'un blanc qui depuis longtemps avait besoin d'un coup de badigeon. Le nom du bateau n'était pas en accord avec son modeste tonnage et son apparence plus modeste encore. Il s'appelait le *Hansa Stern*. Susana, la femme de mon ami, l'avait baptisé ainsi. Durant sa jeunesse elle avait vécu quelque temps à Hambourg et conservait pour les grandes villes de la Baltique une admiration qui les embellissait considérablement. Wito n'avait pas voulu changer le nom, par respect pour sa mémoire. Tout commentaire était vain, mais c'était bien là un de ses traits de caractère : une volonté professorale et très allemande de vouloir tout expliquer avec une précision inutile, comme si le reste des humains avait besoin d'un surcroît d'aide pour comprendre le monde.

Winfried Geltern. Son histoire mériterait tout un livre. Elle était à ce point truffée d'événements, sur lesquels, parfois, il passait en courant comme sur des charbons ardents, qu'on se perdait dans sa complexité labyrinthique. Dans les ports et les recoins des Caraïbes on le connaissait sous le nom de Wito. Allez donc savoir d'où était venue l'absurde contraction d'un nom issu d'un aussi haut lignage viking. Dans ces régions, tout finit par se réduire à des proportions qui oscillent entre le carnaval décoloré, la triste ironie particulière au climat des îles et la sordidité mesquine et dévastatrice de la côte. Le profil de renard et l'allure de professeur distrait de notre personnage empêchèrent, non sans faire justice à la mise en scène, que l'on ajoutât à son nom le titre de capitaine de navire. On l'appelait Wito tout court. Il ne parut jamais remarquer le ridicule de son improbable diminutif. Né à Dantzig, il était par sa famille originaire de Westphalie. Il parlait toutes les langues de la terre avec une facilité désarmante, et ne racontait jamais rien, anecdotes ou détails, qui se rapportât à sa vie en mer. Comme si celle-ci eût été étrangère à ses habitudes, à ses idées, à ses préférences. Il se tenait très droit, marchait d'une façon un peu raide mais qui contribuait parfaitement à mettre en valeur sa manière de scander les mots avec une précision d'horloger. Wito usait souvent d'un humour sardonique et ses paradoxes éclataient toujours à l'improviste, puis cessaient de la même façon. Un jour, je l'entendis expliquer avec un incontestable sérieux : « Le climat est une affaire strictement personnelle. Il n'y a pas de climats chauds ou froids, bons ou mauvais, salutaires ou nuisibles. Ce sont les gens qui créent cette fantaisie dans leur imagination et l'appellent climat. Il n'y a qu'un seul climat sur toute la terre, mais les gens déchiffrent, selon des règles strictement personnelles et inaliénables, le message que leur transmet la nature. J'ai vu transpirer des Lapons en Finlande et un nègre trembler de froid en Guadeloupe. » Pour achever ses phrases, il soulignait les mots en inclinant militairement le buste à plusieurs reprises, comme qui vient de dicter une sentence sur le destin de l'univers. On ne savait jamais s'il fallait prendre ces paradoxes avec le sourire ou avec le sérieux conventionnel du disciple éclairé par la vérité.

Nous déjeunâmes dans sa cabine et je dus reconnaître que l'art du cuisinier de Kingston était à la hauteur de la réputation que lui avait faite son patron. Celui-ci alluma une cigarette de tabac brun qui exhalait une odeur acide d'arbuste carbonisé et, devant deux tasses d'un café bien serré, nous commençâmes à échanger les nouvelles de ce qu'avaient été nos vies pendant tout ce temps où nous ne nous étions pas vus. A la fin, je lui expliquai que je traversais une de ces périodes où tout va mal. J'avais échoué à La Nouvelle-Orléans, et j'étais en train d'épuiser les quelques dollars qui me restaient après avoir liquidé une mirifique affaire de matériel de pêche en haute mer, que j'avais vendu aux gens de Grand Isle, dans les Cayuns. J'avais déjà envoyé vers les cinq continents des SOS à plusieurs amis sans obtenir la moindre réponse. C'était comme s'ils étaient tous morts.

– Oui, m'interrompit Wito. Et puis on les rencontre un jour au hasard d'un bar et ils vous demandent avec une surprise toute neuve : « Mais où étais-tu? On te croyait mort. »

Bref, il ne me restait en poche que quelques billets pour payer la sinistre pension du quartier turc et marocain où j'avais échoué avec une *belly-dancer,* nièce de la propriétaire du taudis. La danseuse avait filé peu de temps après à San Francisco, et moi j'étais resté là à supporter avec une patience relative le fastidieux rosaire de réclamations de cette tante aigrie, qui m'accusait de la fuite de sa nièce qu'elle croyait candide. La petite était un véritable joyau qui promettait davantage que ne le supposait la bonne dame. Elle possédait plus de dix montres de marques très coûteuses qu'elle avait raflées aux clients, qui s'approchaient d'elle quand elle dansait pour glisser dans sa ceinture ou dans son soutien-gorge un billet crasseux de cinq dollars, lorsque ce n'était pas de l'argent dévalué d'un quelconque pays sud-américain. Wito me regardait à travers les broussailles fournies de ses sourcils, tandis qu'un sourire de satisfaction égayait ses traits de renard inoffensif.

– Venez avec moi, me dit-il, lorsque j'eus fini de lui raconter mon histoire. J'ai besoin d'un comptable et, bien que les chiffres ne soient pas votre fort, le travail est si simple que vous ferez parfaitement l'affaire. Celui qui était à mon service a attrapé la malaria et est hospitalisé en Guyane. Les règlements de la marine marchande m'obligent à avoir un comptable à bord. Vous me tirez une épine du pied. Mais je dois vous avouer que mes affaires ne sont guère plus brillantes que les vôtres, Gaviero. J'ai commencé à contracter des dettes il y a un an. Jusque-là j'ai payé comme j'ai pu mais les choses se sont compliquées. Les chargements sont rares et il y a de plus en plus de compagnies aériennes à moitié pirates qui, avec trois vieux DC-4, transportent leur cargaison à des prix qui ne doivent pas même couvrir les frais d'essence.

– Cela dépend de la marchandise, Wito, cela dépend de la marchandise, lui dis-je, soucieux de sa naïveté.

– Oui, répondit-il, vous avez raison. Suis-je bête! Enfin, le fait est que le *Hansa Stern* appartient pour deux tiers à des banques. Mais j'ai bon espoir d'embarquer un chargement de copra dans l'île de San Andrès pour l'emporter, paraît-il, jusqu'à Recife, et demain, on devrait me proposer de transporter du bois de campêche à Houston. Si les deux affaires se font, je rachète le bateau et nous mettons le cap sur Chypre pour transporter des pèlerins.

C'était là que nous nous étions connus de nombreuses années auparavant, dans des circonstances que je raconterai le moment venu. Naturellement, j'acceptai l'offre de Wito, bien que j'eusse les plus grands doutes sur la solidité et la réalité des deux opérations qui devaient nous sortir d'embarras. Quelque chose flottait dans les yeux de mon ami, qui m'indiquait que l'affaire allait plus mal encore qu'il ne le pensait lui-même. Mais rester à La Nouvelle-Orléans signifiait, en vérité, toucher le fond du puits. J'éprouvais pour la ville, telle qu'elle était alors, une antipathie extrême. Le port créole, tapageur, avec son excellente musique, ses femmes venues des quatre points cardinaux et disposées à tout, était devenu une prétentieuse capitale fardée d'une couleur locale aussi vulgaire que fausse, prête à accueillir un tourisme texan et du *Middle West,* échantillon répugnant de la pire classe moyenne américaine. Il ne restait que le fleuve, majestueux et toujours en activité, qui semblait tourner dignement le dos au lamentable spectacle d'une ville jadis sa préférée. Je rassemblai mes affaires et abandonnai la chambre dont la propriétaire entreprit de me maudire en trois dialectes d'Anatolie, tandis que le taxi s'éloignait, conduit par un nègre gigantesque riant sans comprendre un mot de la sinistre averse qui s'abattait dans mon dos. Je rangeai mes affaires, si maigres qu'elles tenaient au fond d'un sac de marin défraîchi, dans la cabine qui m'avait été assignée. En fermant la porte à double tour pour aller dîner avec Wito, je tombai sur Cornélius. J'ai déjà raconté quelle fut sa première réaction. Ma longue expérience avec les Frisons me donna l'aplomb suffisant pour supporter, les premiers jours, sa compagnie réservée et pointilleuse.

Ainsi que je m'en étais douté dès le début, les affaires ne furent pas comme Wito me les avait dépeintes. Celle du bois de campêche se réduisit à une maigre opération de transport de traverses pour voies de chemin de fer depuis le port mexicain jusqu'à Belize. Trois fois rien. Celle de copra fut limitée à deux voyages entre San Andrès et Carthagène, avec l'horrible produit qui imprégnait l'air de son intense odeur d'huile, proche de celle des punaises. Nous n'obtînmes pas même de quoi payer le gas-oil du trajet. Puis vinrent d'autres propositions de la même importance qui, évidemment, ne suffirent pas à lever l'hypothèque du *Hansa Stern* au nom de plus en plus inadéquat et grotesque. Wito nous devait presque trois mois de salaire.

– Avec vous, s'excusait-il à la fin des repas en cachant ses yeux gris derrière la forêt de poils qui les protégeait, je peux prendre cette pénible liberté parce que vous êtes mes amis et pouvez comprendre mieux que personne comment vont les choses. Mais je ne peux payer les fournisseurs, les autorités portuaires et le reste de l'équipage avec des mots et des protestations amicales. Quelque chose se produira, j'en suis certain, et pourvu que ce soit bientôt. Je ne sais que faire.

Il passait sa main dans ses cheveux grisonnants, coiffés en brosse, avec le geste de celui qui tente de résoudre un théorème de géométrie en empruntant une voie obscure, inconnue et anormale. A ses excuses pressantes, Cornélius et moi répondions toujours par des paroles d'encouragement et en essayant de le réconforter. Il n'avait pas à s'inquiéter pour nous, bien sûr, puisque nous étions dans le même bateau – l'expression ne le faisait même pas rire parce que nous la lui avions répétée tant et plus – et qu'un jour ou l'autre arriverait le contrat qui devait nous remettre à flot – Wito ne relevait plus cet humour douteux.

Sa capacité à négocier les affaires qui se présentaient s'épuisait à vue d'œil. Non qu'il tombât dans la dépression ou l'abattement. C'eût été, chez lui, inconcevable. Simplement, il était évident que le mécanisme qui l'avait soutenu pendant tant d'années s'était enrayé et avait enlisé notre homme dans une espèce d'impasse. La rigidité de ses gestes et de ses attitudes était de plus en plus visible et ses silences de Balte de plus en plus longs. Il ne restait plus à table après le repas pour se souvenir du bon vieux temps : notre rencontre à Chypre, sa première traversée aux côtés de Cornélius, qui avait été le camarade de classe de sa femme à Rotterdam, nos aventures dans l'Adriatique avec Abdul Bashur, ami et complice d'opérations qui relevaient du Code pénal. Son mutisme était notoire. Maintenant il se taisait devant sa tasse de café noir et remplissait de plus en plus souvent de minuscules verres d'une liqueur de framboise qu'il buvait successivement, d'un trait, avec un air absent bien que courtois.

La femme de Wito appartenait à une famille israélite de Rotterdam. Ils s'étaient mariés lorsqu'il était premier officier sur un bateau de passagers de la Nord Deutsche Lloyd Bremen, le *Murla.* Elle avait toujours été amoureuse de lui comme une adolescente échevelée. Lorsque Wito obtint ses galons de capitaine, il acheta le *Hansa Stern* avec l'argent d'un héritage que lui avaient laissé à Aruba des oncles sans enfant. Le bateau portait alors un autre nom, un peu plus approprié à son modeste tonnage. Susana le rebaptisa, inspirée par ses souvenirs de Hambourg.

Au début, elle accompagnait Wito dans les nombreux voyages que celui-ci entreprenait. C'est au cours de leurs incursions dans les Antilles qu'on la baptisa Wita, ce qui était plus que prévisible lorsqu'on connaît les gens des îles. Comme elle s'appelait en réalité Susana, le surnom de Wita ne lui allait absolument pas. Mais la chose était sans remède et elle la prit avec une indifférence totale, teintée parfois d'un certain humour juif. Par sa stature de soprano wagnérienne, son visage large, souriant, rosé comme celui d'une enfant, qui ajoutait beaucoup de grâce à ses yeux sombres d'une mobilité intelligente et infatigable, elle contrastait notablement avec son époux. Elle eut avec moi des tendresses de grande sœur. Elle avait l'habitude de me reprocher avec une impatience moqueuse :

– Aïe, Gaviero! Je ne sais pas ce que tu trouves à ton perpétuel vagabondage, à rouler comme ça d'un bord à l'autre. Pourquoi ne te maries-tu pas et ne t'installes-tu pas quelque part?

– Je le ferai un jour. Aide-moi à trouver une femme, lui répondais-je pour me débarrasser d'elle.

– Non, la pauvre. Tu es plus maniaque qu'un vieux rabbin et tu es plus fou de jour en jour, disait-elle tandis qu'elle venait s'asseoir sur mes genoux et me tirer les oreilles en faisant des grimaces de faux reproche.

J'avais connu Wito à Chypre, alors que Bashur et moi étions en quête d'un cargo pour transporter une marchandise qu'Abdul et moi, mi-réjouis mi-prudents, avions décidé d'appeler peu conventionnelle. Il s'agissait d'armement et d'explosifs destinés à un petit poste maritime près de Haïfa. Comme l'opération présentait plus d'un risque, l'affaire une fois conclue avec Wito, nous demandâmes à celui-ci de laisser sa femme à terre. « Si vous devez voler en éclats, je préfère que ce soit avec moi », déclara-t-elle très résolue. Il n'y eut pas moyen de la convaincre du contraire et le voyage, plein d'émotions, fut éclaboussé de scènes savoureuses au cours desquelles Wita simulait, plus qu'elle ne les éprouvait vraiment, des paniques soudaines et des explosions de joie enthousiastes lorsque nous franchissions un obstacle dangereux, que ce fût un torpilleur battant pavillon de l'Union Jack ou des avions égyptiens qui passaient en rase-mottes en faisant des signaux qu'il valait mieux ignorer.

J'appris la mort de Wita alors que j'étais en train de liquider l'infernale affaire des mines de Cocora. Elle était morte à Willemstad d'une fièvre typhoïde mal soignée. Lorsqu'elle s'était crue hors de danger, elle avait avalé un panier de cerises envoyé de Hollande par ses parents. J'ai ressenti son absence comme peu de fois j'ai souffert la mort de quelqu'un. Elle avait la rare vertu de transmettre le bonheur, de le faire éclore à chaque instant, comme ça, gratuitement, sans aucune raison, parce qu'il était en elle, dans ses gestes, dans son rire, dans son amour des gens, des animaux, des couchers de soleil sous les Tropiques, des occupations et préoccupations des hommes qui étaient toujours inexplicables et enfantines pour elle. Lorsque l'on perd un être comme elle, on sait qu'une part du peu de félicité qui nous est accordée s'en est allée à jamais.

Wito me raconta, en quelques mots et sans grands détails, la fuite de sa fille avec le pasteur protestant. La jeune fille avait à peine quinze ans. Elle n'avait pas hérité la fraîcheur pimpante de sa mère, mais elle avait sa stature, et elle tenait de son père la raideur de mouvements ainsi qu'un vague reflet de ses traits de coyote fatigué. Elle souffrait d'un défaut d'audition et avait un caractère digne de mille démons. Ce qui fit le plus souffrir

Wito fut la tartuferie du pasteur, la béatitude mielleuse avec laquelle il s'était introduit chez lui, profitant de la disparition de la mère et de la faiblesse de la petite. Il pardonnait à celle-ci avec la facilité suspecte de qui s'est délivré d'une charge encombrante. En l'évoquant, il semblait lui reprocher tacitement de n'avoir aucune des qualités vitales de sa mère. Wito continuait à nourrir pour sa femme un amour d'une ferveur incompatible avec son âge et avec le temps écoulé depuis qu'elle avait cessé d'exister. Chaque fois qu'il en parlait, on avait l'impression qu'elle était à côté de lui. Mais les derniers temps, ce thème lui aussi familier disparut peu à peu des conversations de fin de repas. Un enchaînement de fatalités stupides, de négligences de plus en plus nombreuses, d'aboulie soigneusement dissimulée sous le strict accomplissement d'une routine de jour en jour plus inutile, avait tout gâché.

Mes responsabilités s'étaient réduites à bien peu : enregistrement de la consommation et de l'achat de combustible, état du personnel qui comptait quinze marins, le cuisinier et cinq machinistes; provision et contrôle des vivres et, de temps en temps, un achat occasionnel et sans importance. Tout cela me prenait moins d'une heure par jour. Le reste du temps passait en spéculations, avec Cornélius, sur les solutions possibles à une situation qui devenait insoutenable. Le Hollandais divaguait avec cette lenteur symptomatique de l'oisiveté dans laquelle ont coutume de flotter les obèses lorsque s'épuisent leurs responsabilités, et les siennes se limitaient à descendre de temps en temps à la chambre des machines pour surveiller le travail et à remplacer de plus en plus souvent Wito au poste de commandement. Notre ami passait chaque jour un peu plus d'heures enfermé dans sa cabine, le regard perdu dans l'opacité de ses méditations. Un état très proche d'un désespoir stérile et contrôlé nous gagnait petit à petit. Au bout de quelque temps, j'en arrivai à penser que l'impossible couleur jaune dont le *Hansa Stern* était recouvert déterminait le peu de contrats de transport qui nous attendaient dans chaque port. Qui, en effet, avait pu avoir l'idée de barbouiller le navire de cette teinture couleur queue de perroquet, qui ôtait au cargo délabré, construit à Belfast il y avait presque quatre-vingts ans et ayant servi dans plus d'une guerre sous les pavillons les plus hétéroclites, le peu de dignité qui lui restait encore? Susana Geltern bien sûr, née Silverbach, qui avait à propos des choses de la mer la même attitude effrontée que son mari. Mais accuser la couleur de tous nos maux n'était qu'une autre manière d'éluder le problème. Il était évident que nous étions sous l'emprise de la malchance. Une de ces obscures fatalités propres à chacun de nous en particulier, qui entrait en conjonction avec la force d'une tempête incontrôlable.

J'ai toujours pensé qu'il ne faut pas charger d'une fatalité métaphysique transcendante ces périodes d'enchaînement catastrophique de malheurs. Je n'ai jamais cru en ce que les gens appellent le mauvais sort, au sens de dispositions régies par le destin et sur lesquelles nous ne pouvons intervenir pour en changer le cours ou leur donner une autre orientation. Je pense qu'il s'agit d'un certain ordre extérieur, qui nous est étranger et imprime un rythme adverse à nos décisions et à nos actes, mais qui ne doit en rien affecter notre rapport au monde et à ses créatures. Lorsqu'une de ces vagues de malchance s'abat sur moi, je continue de fréquenter mes compagnons de beuverie, de profiter de la complicité de mes amies d'occasion, de dialoguer avec les sages et tranquilles matrones des maisons de rendez-vous, de partager avec quelques amis très chers et très doctes dispersés aux quatre coins de la planète mes spéculations sur le destin des grandes dynasties d'Occident, souvent marqué par ces unions fatales nouées à d'évidentes fins politiques et qui changent ensuite pour plusieurs siècles le cours de l'histoire. A Puerto Rico, par exemple, je continue de méditer avec un très cher et plus qu'éminent historien sur les conséquences du mariage de Marie de Bourgogne avec Maximilien d'Autriche. Se perdre dans de tels labyrinthes peut sembler aux néophytes une occupation stérile mais elle me paraît à moi beaucoup plus pratique et terre à terre que de vouloir charger, tel un bélier, des circonstances qui nous sont étrangères et se conjuguent pour obscurcir le côté purement utilitaire de notre vie, sans aucun doute le plus irréel et le plus insaisissable en raison de son élémentaire et irrémédiable stupidité. Rien n'est plus propice à ces élucubrations dynastiques, au moins dans mon cas, que la chaleur torride des Tropiques qui aiguise mes sens et mon intelligence jusqu'aux limites de l'hallucination et du délire. La chaleur et l'humidité s'unissent alors pour faire de la nuit une chaudière, et le sommeil survient, tel une guillotine veloutée et pieuse, pour nous déposer sur la rive de régions oubliées de l'enfance ou dans d'obscurs recoins de l'histoire, peuplés de personnages qui nous sont comme de fraternelles et ineffables présences. Combien de fois, au cours des semaines qui précédèrent notre arrivée à Cristobal, ai-je été visité par ce rêve fréquent où je suis conseiller militaire et politique d'un Paléologue, grand, brun, d'une maigreur ascétique, qui règne à Nicée? Tout s'accomplit avec une parcimonie délicieuse et efficace. L'heureux aboutissement d'entreprises guerrières et la signature de traités délicats se succèdent dans un ordre que l'on pourrait qualifier d'intemporel et de platonique, proche de celui qui s'installe un moment au centre de mon être et dans la plénitude dorée du petit empire des rives de la mer de Marmara. Ainsi, lorsque la routine quotidienne prend une tournure adverse, comme c'était alors le cas sur le *Hansa Stern*, persistent en moi, intactes, ma disposition et ma sympathie pour les êtres qui peuplent l'histoire et pour le monde qui s'offre à la portée de mes sens. Et davantage encore : plus les écueils matériels se multiplient, plus s'élargissent généreusement le territoire et la jouissance de ces dons qui tissent la trame essentielle de ma vie.

Les choses en arrivèrent à un point tel que Cornélius, dans un aparté confidentiel pendant le second quart de la nuit, alors que nous naviguions vers la Martinique pour embarquer des familles hindoues qui allaient travailler en Guyane, m'avoua alarmé :

– Wito paie le combustible avec des chèques sans provision. Vous savez qu'avec Esso on ne plaisante pas. Lorsque nous arriverons à Aruba pour faire le plein de gasoil, ils nous tomberont dessus. Nous sommes au bout du rouleau, Gaviero, je vous le dis, au bout du rouleau.

Les prédictions du contremaître ne se réalisèrent pas. Ou du moins ne se réalisèrent-elles qu'en partie. En effet, à Aruba, deux chèques attendaient Wito, qui n'avaient pu être touchés par manque de provision. Il parvint à les couvrir avec de l'argent qu'il obtint, par miracle, en trois heures, après une scène pénible dans les installations d'approvisionnement d'Esso. Une fois en haute mer, il nous avoua avoir mis dans un mont-de-piété les bijoux de Susana qu'il avait jusque-là conservés comme des reliques fétiches et chéries, et une montre de gousset, cadeau de son père lorsqu'il avait été reçu à ses examens de lamaneur à Dantzig. Maintenant il n'y avait plus de doute possible. C'était le bout du rouleau annoncé avec tant de raison par Cornélius.

Wito eut soudain l'idée de faire route vers le Panama. Nous ne sûmes jamais pourquoi. Un matin, alors que nous étions, Cornélius et moi, sur le pont de commandement, il fit irruption en pyjama, à moitié endormi, et intima, d'une voix opaque et mal réveillée :

– Changez de cap, Cornélius, nous allons à Cristobal.

Puis il retourna dans sa cabine où l'attendaient du thé et des toasts, avec de la confiture de myrtilles que lui apportait tous les matins le cuisinier. Nous demeurâmes un instant silencieux. Le contremaître changea de cap et bourra sa pipe avec un dégoût minutieux. Puis il se borna à déclarer :

– Bien sûr, je comprends, nous allons à Cristobal parce que Panama, ce n'est même pas la peine d'y penser. Sans doute il n'a pas de quoi payer les droits du canal. Nous irons à Panama en train et à nos frais.

Un rire défaillant tenta de se frayer un passage dans sa gorge pierreuse de fumeur impénitent de tabac anonyme et exécrable. A partir de ce moment, nous sûmes à quoi nous en tenir. La décision d'accoster à Cristobal signifiait, tout simplement, la fin du voyage. Une sensation de soulagement nous envahit tous deux, qui plus tard se transforma en tristesse d'avoir gaspillé de longs mois à tenter de sauver le *Hansa Stern* et son maître. Le halètement asthmatique des machines et le heurt sourd des bielles semblaient renforcer notre déception.

Wito continua d'accomplir sa routine quotidienne, s'enfermant un peu plus de jour en jour dans une sorte d'absence faite de résignation et de détachement. A table, sa courtoisie était extrême, comme s'il voulait se faire pardonner la responsabilité qui pourrait lui incomber, dans la situation catastrophique que nous partagions sans lui adresser le moindre reproche. En vain nous tentâmes de le convaincre que nous l'accompagnions de notre plein gré en sachant que les affaires allaient mal. Notre familiarité avec de semblables crises nous avait, depuis de nombreuses années, tout à fait immunisés contre leurs conséquences. C'était inutile. Il s'enfermait en lui-même et ne paraissait pas faire cas de nos déclarations.

Nous arrivâmes à Cristobal dans la soirée, sous un ciel splendide où les étoiles semblaient s'approcher de la terre, mues par une curiosité ludique. Les lumières du port coloraient le ciel d'un halo rosé. Le vacarme syncopé des orchestres qui animaient, sur un rythme afro-antillais plutôt frelaté, la vie des innombrables cabarets et des bars malfamés, parvenait jusqu'à nous. J'étais si habitué à ce tumulte monotone et triste, que je le confondais avec cette atmosphère de fin de voyage qui m'apportait toujours une légère anxiété, une crainte vague de l'inconnu qui m'attendait à terre.

Panama

Après la mort de Wito, je décidai de débarquer à Cristobal et de me rendre en train jusqu'à Panama. Cornélius resta à bord. Le capitaine à qui le *Hansa Stern* avait été assigné sur l'ordre des banques lui avait fait une proposition, que le Hollandais trouva plus intéressante que de chercher du travail dans un milieu qu'il connaissait mal. Nous avions cherché dans les papiers du capitaine une piste éventuelle qui nous eût permis de retrouver sa fille. Nous voulions la prévenir de la mort de son père. La seule chose que nous trouvâmes fut l'adresse de l'église à laquelle avait appartenu le pasteur et nous y dépêchâmes un télégramme annonçant la nouvelle. Le plus probable, cependant, était que le cadavre passerait de la morgue à l'amphithéâtre de la faculté de médecine de Panama, afin d'être utilisé pour les leçons d'anatomie. Il y avait en cela une logique certaine quoique macabre, compte tenu de l'allure de préfet d'études qui avait distingué toute sa vie le pauvre Wito de Dantzig, et de sa manière posée de parler comme qui donne un cours appris par cœur depuis toujours.

Le voyage en train dura plusieurs heures. Je m'installai comme je pus dans un wagon de troisième classe où s'entassaient des familles et des travailleurs du port. Une rumeur irrépressible me berçait doucement. Anecdotes de quartier, commérages de rue, crimes, événements impudents et brutaux, cris et pleurs d'enfant, l'éternelle et pâle matière de ces vies sans nom et sans visage, qui résume toujours pour moi ce que les gens de mer appellent « être à terre » et qui finit par me communiquer une lassitude accablante. Le paysage tropical de la zone du canal, avec sa végétation de feuilles éclatantes d'un vert métallique foncé, la chaleur qui entrait par les fenêtres ouvertes à la recherche d'une improbable fraîcheur et le brouhaha des passagers me transportèrent jusqu'à une colonie européenne de l'Asie. Il y eut un moment où j'aurais juré que je voyageais dans la presqu'île de Malacca, entre

Singapour et Kuala Lumpur. Là-bas, j'avais connu une relative prospérité grâce au commerce de teck et autres activités annexes qui ne sont pas aisément définissables. Le cahotement du train, avec son rythme si caractéristique, et le léger bringuebalement du wagon me plongèrent dans ce demi-sommeil où seule une petite part de la conscience reste éveillée et vigilante. Le langage pâteux et informe que j'écoutais, l'absence de consonnes comme les S ou les R, la tonalité aiguë des dialogues des femmes et des enfants me parvenaient comme des piaillements d'oiseaux se perdant dans les bananeraies. « Ce sera bientôt l'heure, pensais-je, où j'ai coutume de me demander : que fais-je ici? qui donc m'a fait venir jusqu'ici? » Voilà les questions auxquelles finit par mener ce mélange de dégoût sans fond et de peur vague lorsque je sais que m'attend un long séjour sur la terre ferme. Une impression très désagréable à laquelle je ne trouve jamais de remède. Panama. Je n'y étais jamais resté plus d'une semaine mais j'y étais venu si souvent, entre les innombrables déplacements sans but et sans refuge dont ma vie est faite, que l'endroit avait fini par m'être familier. La ville n'est ni intéressante, ni particulièrement accueillante, mais elle procure cette tonifiante impression d'absolue irresponsabilité où tout peut arriver, dans une authentique et anonyme liberté de vie, ce qui la rend apaisante et pleine d'agréables et irréalisables promesses de surprises où nous attend, caché, le bonheur. Mais aujourd'hui les choses se présentaient différemment. J'allais devoir passer de nombreux mois dans cet isthme aux averses interminables et aux lentes vagues de températures semblables à celles d'un bain turc. Je n'y connaissais personne, j'avais toujours été de passage. Aucune de mes relations n'y avait laissé de traces. Et quel signe plus éloquent que d'avoir échoué ici avec Wito et Cornélius, qui n'étaient ni l'un ni l'autre compagnons authentiques de mes malheurs et de mes contretemps. A peine des amis d'occasion, étrangers à ces voyages dans les régions obscures de l'aventure de vivre, à cette danse échevelée des rares instants de bonheur partagé avec ceux qu'en vérité nous pouvons appeler amis. Je savais d'avance que je n'en trouverais aucun à Panama. L'argent que j'avais reçu en abandonnant le *Hansa Stern* me suffirait pour joindre les deux bouts pendant quelques mois. Mais, me connaissant par cœur, je savais qu'en quelques semaines j'aurais les poches et l'estomac vides. Cette perspective ne m'inquiétait guère. Une vodka de temps à autre, une amie occasionnelle que je ne reverrais jamais plus suffiraient à me préserver de cet instant où j'ai le sentiment d'avoir atteint le fond de l'abîme. Or, les deux choses ne s'obtiennent pas nécessairement avec de l'argent. Je savais comment franchir ces obstacles autour desquels le piège semble se refermer, inéluctable. Et ainsi d'un jour à l'autre jusqu'à ce qu'un matin je parvienne à larguer les amarres ou à inventer une autre folie comme la mine de Cocora ou le travail à l'hôpital des Orgueilleux. Tout est égal, tout revient au même. Ce qui n'est pas égal, c'est ce que nous portons en nous, cette folle hélice qui ne s'arrête jamais. Voilà le secret, voilà ce qui ne doit jamais tomber en panne. Je m'endormis d'un sommeil profond. Lorsque je m'éveillai, le train entrait en gare. Je sentis soudain que ce dont j'avais besoin avec une nécessité immédiate était précisément un verre de vodka bien glacée. Dans le premier bar que je trouverais sur mon chemin, je convoquerais mes dieux tutélaires, les conseillers aveugles, qui ne se présentent à nous que lorsque nous sommes dans cet état de grâce que seule la vodka sait nous impartir avec une fidélité inexorable et sage. La réponse salvatrice se trouverait là, la vérité révélée, l'autre rive où se parachèvent les symboles, où ont lieu les lentes célébrations qui effacent toute perplexité et étouffent toute interrogation.

Je descendis au milieu d'un concert de klaxons déchaînés tandis qu'une sirène hurlait en s'éloignant dans l'ultime lumière du soir. Je jetai mon sac sur mon dos et me dirigeai vers le centre de la ville. Les grillons commençaient leur concert criard et les enseignes au néon s'allumaient avec la stridence vulgaire des couleurs qui rendent uniformes toutes les nuits de toutes les villes de la terre. Je pensai qu'avant de sacrifier à la cérémonie de la vodka, indispensable pour mettre en ordre certaines idées et chasser les démons qui se mettent à rôder autour de moi chaque fois que je quitte la mer, il me fallait chercher un modeste hôtel où loger. Dans une des ruelles qui vont de l'avenue Balboa à l'avenue Centrale, je trouvai quelque chose qui ressemblait beaucoup à ce que je cherchais. L'hôtel s'appelait « Pension Astor de luxe ». A la réception somnolait un vieil homme avec une barbe syrienne et grisonnante, qui avait les traits d'un cocher juif de la Vienne de François-Joseph. Sa corpulence et son aspect imposant ne convenaient pas à sa position, assis derrière un comptoir, et on avait l'impression que l'exhibition d'une telle énergie était un véritable gâchis. Lorsqu'il se leva pour me remettre les clés de la chambre, je m'aperçus qu'il avait une jambe orthopédique. Les grincements inquiétants des ressorts rouillés transmettaient un sentiment de tristesse et de désespoir impossible à associer au colosse hébreu qui se présentait devant moi sans un sourire, et avec l'expression austère de qui ne parle pas bien la langue de l'endroit où il vit. La chambre, au quatrième étage, donnait sur la baie. Des mouettes désorientées tournaient au-dessus de l'eau presque immobile, identique à celle que j'avais vue à Cristobal. Cette mer souillée communiquait à l'âme une saveur d'échec et de mesquinerie qui n'était pas précisément ce dont j'avais besoin pour me remonter le moral. Les voitures roulaient sur la chaussée avec cette hâte effrénée qui me surprend toujours lorsque j'ai navigué pendant longtemps. Se familiariser avec les choses de la terre requiert un temps dont nous n'avons jamais idée en débarquant. Un grabat aux ressorts vaincus, recouvert d'un dessus-de-lit d'un lilas délavé et souillé de taches qu'il valait mieux ne pas examiner avec attention, une table qui boitait dangereusement et un tableau représentant un saint-bernard veillant sur un enfant endormi dans la neige composaient le décor impersonnel et insipide, caractéristique de tous les hôtels dans lesquels je suis descendu. Au fond du couloir, il y avait une salle d'eau et deux cabinets. Un homme coiffé d'un haut-de-forme et une dame des années trente indiquaient sur chaque porte, avec une éloquence inutile, à qui chacune était destinée. Je compris que je ne résisterais pas très longtemps à tant de sordidité accumulée depuis des années. Je sortis dans la rue à la recherche d'un bar. M'enquérir du plus proche auprès du cocher viennois m'apparut une opération linguistique trop complexe. C'était une personne avec laquelle, semblait-il, il n'était pas recommandé d'établir d'autres liens que ceux strictement circonscrits à ses fonctions de concierge. Après avoir déambulé dans quelques rues où régnait le calme relatif d'un quartier résidentiel en décadence, je débouchai sur un trottoir où les bars s'alignaient les uns à côté des autres avec, comme il se doit, leurs enseignes au néon et leur musique résonnant à plein volume. J'entrai dans celui qui me parut le moins bruyant et commandai une double vodka avec de la glace.

Je devins un client assidu. Je constatai au bout de quelque temps que ce bar était non seulement le plus tranquille mais celui à la clientèle la plus fidèle. Le nom du propriétaire était Alejandro mais tout le monde l'appelait Alex. C'était un Panaméen aux yeux saillants, mince, de cette espèce de barmen qui, sans jamais poser de questions, possèdent cependant une mémoire infaillible des préférences et des caprices alcooliques de leurs paroissiens. Le barman idéal. Je décidai d'envoyer son adresse à mes amis afin qu'ils puissent m'y expédier du courrier. Je ne tentai même pas de chercher du travail. L'expérience m'avait enseigné que, tant que l'on n'est pas familiarisé avec le rythme secret propre à chaque ville, il est inutile d'essayer de chercher un emploi qui vaille la peine. L'anxiété avec laquelle, en d'autres cas, je faisais la chasse au travail ne servait qu'à tromper ma conscience. Je finissais éboueur, portier de bordel ou docker sur un quai. C'est pourquoi, afin de sortir définitivement de ce mauvais pas, plutôt que de m'installer dans une vie sordide, je décidai cette fois de prendre les faits calmement et de sonder avec patience ce que Panama pouvait m'offrir. Lorsque le panorama devenait trouble et qu'en moi commençaient à s'agiter le doute et le découragement, la vodka dissipait avec efficacité ces symptômes et me permettait de rester à l'affût.

Un samedi, alors que la dose habituelle n'avait pas été suffisante pour remplir sa fonction salvatrice, je finis lentement une bouteille et allai me coucher dans les brumes de l'alcool. Le dimanche matin, je constatai avec surprise qu'à côté de moi dormait, nue, une énorme négresse à la chevelure de guerrier zoulou. Je la secouai pour la réveiller et elle resta là à me regarder, mi-étonnée mi-furieuse. De sa bouche édentée et lippue sortaient des mots légers en un dialecte antillais, mélange de papiamento et d'anglais de la Grenade. Je l'obligeai à s'habiller et me débarrassai d'elle avec quelques dollars. Jusqu'où mes souvenirs me portaient, j'étais sorti du bar seul et d'un pas mal assuré, mais j'étais rentré à l'hôtel sans autre compagnie. J'oubliai l'affaire. Quelques jours plus tard, je bus de nouveau un peu trop, moins cependant que la fois précédente. Le lendemain matin, je me réveillai devant le regard stupide et atterré d'une bonne femme aux cheveux décolorés en blond presque platine et au corps squelettique plein de taches rosâtres plus que suspectes. Cette fois je la chassai sans la payer. La chose se répéta une troisième fois avec une Indienne qui devait venir de Taboga ou d'une île des environs. Elle parlait à peine l'espagnol et tenta de m'attaquer avec un couteau. Je la jetai dehors en la poussant dans le couloir et retournai dans ma chambre. J'appelai le concierge pour qu'il me fasse apporter des draps propres. Celui-ci fit semblant de ne pas me comprendre. C'est alors que je me rendis compte de ce qui s'était passé et quelle était l'origine de ces visites nocturnes. Je m'habillai et descendis à la réception. Je demandai ma note et, en l'examinant, je vis qu'il avait compté une personne de plus les jours correspondant à ces apparitions féminines. Sans le quitter des yeux, j'ordonnai au boiteux, tranquillement, en détachant les mots dans un allemand tout à fait compréhensible, d'effacer de la note, à l'instant même et en ma présence, les sommes qui étaient en trop. Il obéit sans rien dire, avec une parcimonie qui cachait un cynisme séculaire. Puis je l'avertis que s'il faisait monter une fois encore une femme dans ma chambre je ferais un scandale auprès de la police et des autorités sanitaires pour qu'elles ferment sa fameuse pension de luxe. « Cela ne se reproduira plus », déclara-t-il, tandis qu'il rangeait les papiers dans le classeur en bois encastré sous les casiers des clés. « Excusez, ce doit être une erreur », ajouta-t-il en marmonnant avec sur ses grosses lèvres mouillées de salive un sourire qui tentait de dissimuler la colère de ses traits d'aurige affamé.

Je racontai l'histoire à Alex qui me conseilla de ne pas trop entrer en relation avec le boiteux.

– C'est le patron de l'hôtel et surtout, il a en main les putes du quartier. Mais il est compromis dans des activités plus sérieuses. Il fait d'autres affaires et la garde nationale l'a à l'œil depuis longtemps. Il se trouve qu'il a des relations haut placées et qu'il distribue de l'argent, beaucoup d'argent.

Je lui demandai s'il ne vaudrait pas mieux changer d'hôtel et il me répondit non; les choses étaient à peu près pareilles partout, cet hôtel-là était bien situé et dans le quartier on me connaissait déjà, ce qui était un bon point si je voulais trouver du travail. Il avait raison. Le propriétaire et concierge continua de me traiter avec la même distance impersonnelle qu'il avait pour tout le monde.

Alors que j'avais perdu tout espoir, je reçus une lettre d'Abdul Bashur. Les timbres étaient italiens, elle avait été postée à Ravenne et les nouvelles qu'elle contenait n'étaient pas particulièrement encourageantes. Il négociait le paiement de l'assurance d'un bateau qu'il possédait avec ses frères et son beau-frère, le mari de sa sœur aînée, Jasmina. La compagnie d'assurances inventait toutes sortes de difficultés pour éviter de couvrir la police. Le bateau avait été coulé par des avions libyens, quoique son pavillon fût libérien. Les assureurs voulaient démontrer que ce type de sinistre n'était pas couvert par la compagnie, et les Bashur épuisaient leurs ressources en avocats, experts et démarches consulaires. Le fils aîné de Jasmina avait une leucémie et il fallait payer le traitement au prix de sacrifices de plus en plus grands. Toutefois, il mettait à ma disposition quelques livres sterling qu'il avait dans une banque à Panama, solde d'une affaire traitée plusieurs années auparavant avec l'armée d'un pays voisin. Je me souvenais très bien de cette opération dans laquelle j'étais intervenu avec Abdul, et je souris devant la discrétion avec laquelle il parlait de l'affaire. Pauvre Abdul. Un ami comme j'en avais peu. Sa générosité, que j'avais eu l'occasion de constater à plusieurs reprises, non seulement en affaires mais aussi dans des domaines plus délicats, avait toujours le pouvoir de m'émouvoir jusqu'aux larmes.

J'avais appris à mieux connaître la ville et je m'apercevais, comme toujours, que ma première impression était la bonne : c'était un endroit de passage, un lieu de transit, condition qui la revêtait, pour le voyageur, du charme discret des villes et des lieux qui ne laissent pas de trace et n'imposent à personne l'esprit secret qui les définit, de ce charme qui n'exige du visiteur aucun effort pour s'adapter aux lois spécifiques régissant la routine propre qui les anime. Étant donné le but que je poursuivais, c'était particulièrement grave. Ce genre de ville ne pouvait offrir des occasions comme celles que je cherchais alors. A Panama, tout le monde est de passage. Des semaines et des mois peuvent s'écouler sans que l'on parvienne à décrocher un travail quelconque ou à mettre sur pied une entreprise, aussi modeste et limitée soit-elle. Plus nos objectifs sont restreints, plus on a de mal à les atteindre, dans cet espèce de couloir perpétuel où nul ne fait attention à personne. Dans mes périples par les halls et les bars des grands hôtels liés à la finance, et, la nuit, dans les boîtes où des gens de toutes conditions, métiers et races, cherchent à effacer l'ennui qui s'empare d'eux pendant ces haltes obligatoires qu'imposent les voyages d'affaires; dans l'atmosphère lourde et plutôt sordide des casinos qui, de même que les hôtels et autres endroits, n'offrent qu'un médiocre succédané à la soif transitoire d'aventure et d'émotion que suscite Panama; dans tous ces lieux et dans d'autres moins avouables encore, je cherchai en vain l'occasion d'entreprendre quelque chose qui me permît de sortir du marécage dans lequel, lentement, irrémédiablement, je m'embourbais. En peu de temps, la précarité de mes vêtements et autres signes avancés de la pénurie m'obligèrent à m'éloigner de ces parages. Je dus me contenter de rôder près des entrées, sans les franchir. Je faisais de même devant les grands magasins où entraient les voyageurs attirés par des marchandises qui, plus tard, s'avéraient être des soldes de marques prestigieuses ou des contrefaçons.

Vint la saison des pluies qui s'abattent sur l'isthme avec l'énergie démesurée d'une trombe et transforment les rues en fleuves opulents et infranchissables. Lorsque je compris qu'il était inutile de chercher ne fût-ce qu'une modeste bribe de ce tapis volant que j'imagine toujours planer autour de nous, nous provoquant et nous invitant à nous échapper grâce à lui vers ce que, au fond, l'enfant caché en nous désigne d'une voix secrète comme la « grande aventure »; lorsque je compris qu'il n'y avait plus rien à faire et que les pluies rendaient mes incursions impossibles, je m'enfermai dans la chambre de la pension, et ne rendis plus que de rares visites à mon bar habituel. Un rideau de pluie tombait sur les eaux sales du Pacifique et, derrière la fenêtre, la ville donnait l'impression de se délayer devant mes yeux indifférents, de se transformer en un mélange de boue, d'ordures et de feuilles virevoltant en tourbillons avides au-dessus des bouches d'égout.

Le jour où je dépensai le dernier dollar qui me restait de l'argent offert par Abdul, le concierge, avec cette intuition millénaire de sa race pour entrevoir de telles situations, m'appela dans ma chambre pour me demander de descendre car il voulait me parler. Dans l'après-midi, avant de me rendre au bar où j'avais déjà une ardoise qui commençait à m'inquiéter, je m'arrêtai à la réception pour affronter l'aurige danubien. De son énorme tête barbue qui se détachait derrière le comptoir comme par-dessus la table d'un illusionniste, commencèrent à sortir des mots en un espagnol lent et maladroit, mais très précis. Il était évident que je brûlais mes dernières cartouches et qu'à Panama je ne trouverais aucun remède à ma situation. Il connaissait très bien la ville. Si j'acceptais, il pouvait m'offrir quelque chose qui résoudrait mes problèmes, ne fût-ce que temporairement, et me permettrait, au passage, de payer le mois que je lui devais, avec mes dettes au bar d'Alex. L'homme en savait plus que je l'eusse souhaité. Lorsque je rentrerais du bar, poursuivit-il, il voulait monter dans ma chambre pour bavarder un moment avec moi. J'accédai à sa proposition et m'en allai chercher refuge dans un ou deux verres de vodka qui rendraient plus facile le dialogue avec ce cerbère boiteux. Bien souvent, à l'occasion de crises semblables, j'avais reçu des propositions de ce genre de la part de personnes qui avaient avec le concierge un air de famille entre tous reconnaissable. J'aurais presque pu deviner quelle allait être, dans ses grandes lignes, la proposition de l'homme. Je revins à l'hôtel à minuit passé, et peu après j'entendis son pas claudicant. Il s'assit en face de moi sur une chaise branlante. Tandis qu'il caressait sa barbe d'un geste qui se voulait patriarcal et ne faisait que le rendre plus suspect encore, il m'exposa son offre. Comme d'habitude, il s'agissait de franchir les limites légales pour gagner quelques dollars qui me permettraient de survivre médiocrement, non sans courir quelques légers risques avec les autorités. Il avait en sa possession des objets de valeur – montres, bijoux, appareils photo, parfums chers, quelques liqueurs et vins de grande marque et de grand cru – que des amis lui laissaient en gage en échange de quelque argent. Il n'avait, évidemment, pas besoin de m'expliquer qu'il s'agissait d'objets volés dans les hangars de la douane de Colon ou dans les entrepôts des grands magasins de Panama. Lorsqu'il en vint à l'alibi des objets laissés en gage, un éclat indéfinissable brilla dans ses yeux tandis que le sourire permanent de ses grosses lèvres se figeait en une grimace imprécise. Mes années d'errance en Méditerranée m'avaient largement familiarisé avec ces signes de mensonge mesquin particuliers aux questions d'argent. Je le laissai parler tranquillement et lorsqu'il eut fini je lui dis qu'il aurait ma réponse le lendemain matin.

– Ne réfléchissez pas trop, me dit-il en sortant, il y a d'autres candidats qui ont plus d'expérience que vous.

J'aurais également pu prédire la façon dont il s'était adressé à moi, avec ce ton légèrement menaçant, habituel envers ceux qui sont au bord du précipice.

Je n'eus pas en effet à y réfléchir beaucoup. Le lendemain je descendis lui dire que j'acceptai.

– Je le savais, me répondit-il, tandis qu'il m'invitait à entrer dans un réduit obscur situé derrière l'armoire des casiers à clés.

C'était là qu'il dormait. De dessous le lit défait, qui sentait la vieille urine et la nourriture rance, il sortit un coffret en bois à l'intérieur tapissé de velours cramoisi. C'était là qu'il rangeait les montres, les bracelets en or et les flacons de parfum en cristal travaillé aux formes extravagantes. Il m'indiqua les prix auxquels je devais les vendre. Si j'en obtenais plus, la moitié de la différence était pour moi, si j'en obtenais moins je n'aurais droit qu'à quinze pour cent de leur valeur. Les endroits qu'il me conseilla comme les plus propices pour écouler la marchandise étaient ceux-là mêmes que je parcourais depuis plusieurs semaines. A la nécessité du travail s'ajoutait la persistance des averses torrentielles. « Attendez sous l'auvent où s'arrêtent les voitures pour laisser descendre les passagers ou pour les prendre. » Oui, je le savais, cette précision était inutile. Ce n'était pas la première fois que je tentais d'aborder des gens dans des circonstances semblables. La difficulté venait de ce que la garde nationale patrouillait précisément dans ces lieux. Je fourrai la marchandise dans mes poches et sortis pour me mettre à ce travail incertain.

Au début, l'entreprise s'avéra un peu plus productive que ce que j'avais espéré. Les prix étaient bien plus bas que dans les magasins. Les clients profitaient de l'occasion, assurés de l'impunité que leur offrait le fait d'être de passage et de ne pas courir grand risque à l'achat. Mais, comme cela était prévisible, la garde nationale commença à remarquer ma présence répétée aux abords des hôtels et des boîtes de nuit et ne tarda pas à m'aborder. Je me sortis d'affaire par de vagues excuses que je dus renforcer plus tard avec quelques cadeaux. Je persuadai le boiteux d'en partager avec moi le coût et il accepta, grâce au relatif succès de ma dextérité de vendeur ambulant d'articles volés. Je réglai ma note à la pension avant que se soit écoulé le deuxième mois de retard. Lorsque je me rendis au bar pour payer mes dettes, Alex me prévint à voix basse :

– Ne partez pas avant de m'avoir parlé. C'est important.

Un malaise que je connaissais bien, annonciateur du danger qui s'approchait, m'ôta l'envie de boire le verre de vodka que j'avais commandé. Je le bus tout de même d'un seul trait et attendis que le barman pût me parler sans témoin. Une déception croissante, un désespoir vague et sans issue envahissait mes membres et les transformait en une substance molle et malléable. Au creux de l'estomac je commençai à sentir le poids d'une matière dense, paralysante, qui s'agitait par moment comme un nœud de reptiles à demi endormis. Enfin, Alex se dirigea vers l'extrémité du bar et me fit signe de le suivre. Sans cesser de regarder de tous côtés tandis qu'il me parlait, il me dit :

– Ils sont venus demander des renseignements sur vous. Vous savez, on ne peut pas les confondre, même s'ils tentent de passer inaperçus avec leur air de civils. Ils ont votre adresse et ils flairent quelque chose en rapport avec le juif de l'hôtel. Je ne sais pas ce que vous faites, mais faites attention. Ici, ils n'y vont pas par quatre chemins. Ils soignent l'image de la ville pour la tranquillité des touristes et des hommes d'affaires qui passent par Panama. Changez d'hôtel aujourd'hui même. Coupez tout contact avec le boiteux. Logez-vous à cette adresse. Ce sont des amis que je connais très bien.

Il me tendit une carte. C'était l'hôtel Miramar qui se trouvait dans la vieille ville.

Il ne fut pas facile de convaincre le juif. Il tenta de ne pas accorder d'importance à mes craintes, en répétant sur un ton qui voulait être bon enfant :

– Je sais arranger les choses, mon ami, ne vous inquiétez pas, ne vous inquiétez pas.

Ce fut précisément la prudence mielleuse du concierge qui me décida à quitter immédiatement les lieux. Je lui rendis la marchandise, réglai ma note et sortis un quart d'heure plus tard avec quarante dollars en poche, et ce poids mort au creux de l'estomac qui présageait des désastres que malheureusement je connaissais bien.

L'hôtel Miramar était un peu plus petit que la pension Astor de luxe, ses chambres un peu plus propres. La propriétaire était aussi beaucoup plus aimable et plus digne de confiance que le sinistre boiteux à la barbe de cocher. Elle était équatorienne et mariée avec un Panaméen. Alex l'avait prévenue de mon arrivée; elle montra une familiarité cordiale qui servit à apaiser quelque peu mes craintes légitimes d'avoir des démêlés avec la police. Un boucan infernal entrait par la fenêtre de la seule chambre disponible. Celle-ci donnait sur une rue pleine de petits commerces dont les propriétaires, tous Hindous, se tenaient dans la rue et invitaient, avec une insistance inépuisable, les clients à entrer dans leurs bazars. Dans chaque boutique, il y avait des radios et des tourne-disques, et c'était à qui ferait entendre sa musique le plus fort afin de démontrer l'excellence de ses articles au client assourdi qui finissait par acheter la première chose venue pour se débarrasser de l'Hindou, lequel, avec une habileté stupéfiante, ne cessait de parler et de baisser ses prix tandis que la musique achevait d'étourdir l'acquéreur. La nuit, heureusement, régnait un calme à peine rompu de temps à autre par les cris de stentor d'un ivrogne, ou les rires des prostituées qui attendaient au coin d'une rue un improbable client. J'étais sur le point de tomber au fond de l'abîme lorsque survint le miracle sauveur. Il apparut, accomplissant un rituel de ma vie à ce point régulier et fidèle que je ne peux que l'attribuer à l'indéchiffrable volonté des dieux tutélaires qui me guident, avec des fils invisibles mais incontestables, au milieu de leurs obscurs desseins.

Ilona

Un soir que je me consacrais à un exercice de mémoire que j'imaginais alors pouvoir être un remède passager contre la panique et le découragement, la pluie sembla s'éloigner pour faire place à un soleil éclatant qui baignait l'air récemment lavé. L'exercice en question consistait à me souvenir d'autres époques de pénurie et d'échecs qui auraient pu être plus terribles encore et plus définitives que celle que je traversais à Panama. J'évoquai, par exemple, parmi de nombreux épisodes, celui de mon travail à l'hôpital des Salines. Ma tâche consistait à pousser, avec d'autres compagnons, un train de quatre ou cinq wagonnets qui avaient servi à transporter du ballast jusqu'au bout des jetées caressées par la mer. Mais au lieu de pierres et de cailloux, nous chargions trois ou quatre malades dans chaque wagonnet. Ils allaient recevoir les bienfaits de la brise marine pour rafraîchir les plaies et les purulences qui les maintenaient prostrés depuis plusieurs mois. Par une étrange particularité de l'endroit, l'eau était la cause de telles plaies, et l'air seul les soulageait un peu. Devant l'heureuse perspective de l'apaisement, les malades murmuraient à voix basse des chansons avec lesquelles ils se berçaient les uns les autres. Presque tous avaient perdu la vue à cause de l'éclatante blancheur des étendues, et c'est peut-être pourquoi leur sensibilité tactile était aiguisée jusqu'à leur permettre de recevoir, avec une intensité qui nous était inconnue, l'action salutaire de la brise. Tandis qu'ils entonnaient leurs chants, nous poussions le petit train qui roulait péniblement sur la voie oxydée et rongée par le salpêtre. Le vent faisait frissonner les draps dans lesquels les malades étaient enveloppés. J'ai, il y a très longtemps et en d'autres lieux, déjà raconté une partie de cette histoire, de façon fragmentaire il est vrai, mais plus en rapport avec l'épisode que je tentais alors d'évoquer. Par un de ces bienfaisants caprices de la mémoire, je n'avais pas un souvenir très pénible de cette époque des Salines. Au contraire, seuls étaient restés dans mon esprit la joie de la brise sur les corps malades et exsangues, le chant qui sortait de leurs gorges comme un murmure réconfortant et la présence fulgurante d'un ciel sans nuages. Cependant, en faisant un effort, je parvins à me rappeler que nous ne prenions qu'un repas par jour et que le salaire était si maigre qu'il ne nous suffisait pas pour aller jusqu'au port oublier notre misère. Puis j'évoquai le temps où j'étais mécanicien sur un pauvre bateau menaçant de couler à pic, qui transportait des peaux depuis l'Alaska jusqu'à une usine, non loin de San Francisco. On nous avait engagés frauduleusement. Nous avions signé un contrat d'un an, attirés par une avance qui nous avait permis de boire pendant trois jours de suite, réfugiés dans les semi-ténèbres d'une taverne de Seward. Dehors, la nuit polaire s'étendait au milieu d'une froidure qui nous glaçait jusqu'aux os. Au second voyage, nous allâmes réclamer ce qu'on nous avait promis comme salaire. Le contremaître nous montra le reçu que nous avions signé en nous engageant et sur lequel, malignement corrigé, figurait que nous acceptions comme unique salaire pour toute l'année ce que nous avions bu à Seward. Nous étions trois mécaniciens : un Irlandais borgne, conservé dans l'alcool, qui délirait tout le temps, un Indien yaqui, silencieux et morne, qui s'était arrangé pour se casser le bras au deuxième jour du voyage et qui, sous ce prétexte, ne toucha pas une pelle, et moi. Le chargement dégageait une puanteur douceâtre qui collait à nos vêtements et à la peau. Heureusement, au bout de cinq mois de navigation, le maudit bateau heurta un bloc de glace qui flottait en face de la côte canadienne. Un garde-côte nous repêcha, et nous débarquâmes à Vancouver. Le Fonds de Secours marin nous donna un peu d'argent pour survivre quelques semaines. C'est alors qu'un Canadien lunatique me convainquit de tenter l'affaire de la mine de Cocora.

Cet après-midi-là j'évoquais, bien entendu sans obtenir aucun résultat, d'autres événements de ma vie au cours desquels je me rappelais avoir traversé des crises bien pires que celle qui m'angoissait à ce moment. Je décidai de sortir dans la rue pour marcher un peu et profiter du beau temps. Je laissai derrière moi les ruelles avec les bazars hindous et je me rapprochais du quartier des grands hôtels lorsque, sans qu'aucun signe ne l'annonçât, une averse s'abattit qui se transforma très vite en une véritable trombe menaçant de tout emporter. Je m'abritai sous la première porte venue. C'était un petit hôtel qui affichait certaines prétentions, dans le hall duquel, en plus des chaises habituelles et des tables couvertes de revues et de journaux plus ou moins récents, il y avait des machines à sous alignées contre le mur qui faisait face à la piscine et au jardin principal. Je tentai de ne pas me faire remarquer, bien que l'endroit fût désert. Non seulement j'étais trempé, mais il y avait longtemps que mes vêtements avaient perdu leur dernière chance d'être présentables.

Je la vis de dos. Elle jouait avec une des machines à sous qui produisait toute sorte de sons et de tintements annonciateurs de la combinaison gagnante. Je doutai un instant. C'était presque impossible qu'elle fût à Panama, si je m'en tenais aux dernières nouvelles que j'avais eues d'elle. Je m'approchai et elle tourna son visage vers moi. Elle avait cette expression de surprise joyeuse qui n'appartenait qu'à elle et qui lui venait à chaque instant, sous n'importe quel prétexte. C'était bien elle, il n'y avait pas le moindre doute :

– Ilona, que fais-tu ici? parvins-je à dire maladroitement.

– Gaviero, grand fou! Que diable fabriques-tu à Panama?

Nous nous embrassâmes puis, sans dire un mot, nous allâmes nous asseoir au petit bar qu'il y avait dans le jardin, protégé par une marquise envahie de vigne vierge. Elle commanda deux vodka-tonic. Elle me regarda pendant un moment qui me sembla interminable. Puis elle me dit sur un ton où s'était glissée une inquiétude presque compatissante :

– Je vois. Les choses ne vont pas bien, n'est-ce pas? Non, ne me raconte rien maintenant. Nous avons tout le temps du monde pour en parler. Ce qui m'inquiète c'est de te rencontrer à l'endroit précis où tu n'aurais jamais dû échouer. Ici, il faut être de passage, c'est tout. Seulement de passage. Mais, dis-moi, là, au-dedans, tu sais ce que je veux dire, là, au fond, où tu gardes tes secrets, comment ça va?

Elle me regardait avec une attention de pythie fraternelle qui connaît très bien l'homme qu'elle interroge.

– Là, lui répondis-je d'une voix joyeuse et sereine qui me surprit moi-même, ça va très bien. Tout est en ordre. C'est le reste qui ne va pas. Tu as raison, l'endroit est précisément celui où il ne fallait pas échouer, mais voilà, je n'ai pas eu d'autre solution. J'ai deux dollars en poche et ce sont les derniers. Mais maintenant que tu es là, que je te sens ici, en face de moi, je t'avoue que tout cela n'est plus qu'un passé qui s'estompe à l'instant, grâce à la vodka, à l'odeur de tes cheveux et à l'accent triestin-polonais de ton espagnol. Je plonge à nouveau dans quelque chose qui ressemble beaucoup au bonheur.

– Les affaires doivent aller très mal pour que tu deviennes sentimental et galant. En outre, ça ne te va pas, déclara-t-elle en riant avec ce sarcasme auquel elle avait recours pour cacher ses sentiments.

Nous entrions de plain-pied dans le ton normal de nos relations, fait d'un humour qui pouvait arriver à être macabre, de la constatation allègre des liens qui nous unissaient, et de sautes d'humeur qui, sans nous séparer, finissaient toujours par nous mettre sur des voies opposées.

Avec les pièces de monnaie qu'elle avait gagnées elle paya la note, laissa un pourboire de maharadjah et se leva.

– Viens, me dit-elle, monte sécher tes vêtements et prendre un bain. Tu as l'air d'un amant de gitane pauvre.

Je la suivis jusqu'à l'ascenseur et nous montâmes dans sa chambre. Elle m'obligea à entrer dans la baignoire pleine d'eau chaude et mit mes vêtements dans un sac destiné à la laverie de l'hôtel. Je me servis du même rasoir qu'elle utilisait pour ses jambes. Par les fenêtres ouvertes entrait la chaleur splendide d'après la pluie qui, une fois encore, s'éloignait en tachant la mer d'une cendre sombre. Elle s'allongea à côté de moi sur le grand lit et commença à me caresser, tandis qu'elle murmurait à mon oreille, d'une voix profonde qui imitait celle du bénédictin qui nous avait servi un jour de guide dans l'abbaye de Solesme : « Gaviero, grand fou, salaud de Maqroll, Gaviero fou, Maqroll ingrat », et ainsi de suite jusqu'à ce que, enlacés et haletants, nous fassions l'amour entre deux éclats de rire. Comme les enfants qui ont couru un grave danger auquel ils viennent d'échapper miraculeusement. Avec la sueur, sa peau prenait une saveur d'amandes vertigineuse. La nuit tomba soudain et les grillons commencèrent leurs signaux nocturnes, leur cantique entrecoupé de silences irréguliers qui rappelaient le rythme de la respiration secrète et généreuse du monde végétal. Par les fenêtres ouvertes pénétrait une odeur de terre mouillée, de feuilles en décomposition. La musique d'un restaurant chinois, contigu à l'hôtel, nous rappela une aventure commune à Macao dont nous n'étions sortis vivants que par miracle. Aucun de nous ne la mentionna. Nous n'en avions pas besoin.

Ilona. Tout un personnage. Combien de choses avais-je vécues à ses côtés et combien pouvaient encore m'arriver en sa compagnie? Elle était née à Trieste d'un père polonais et d'une mère triestine, fille de Macédoniens.

– Prononce bien. Comme ça, regarde : Thessaloniki – et elle appuyait la langue sur ses dents de devant.

« Ilona Grabowska, *grande famille* * », avait-elle coutume d'ajouter avec ironie. Son patronyme avait connu plusieurs avatars, selon les circonstances. Un jour, je la rencontrai à Alicante en Ilona Rubinstein. Lorsque je lui fis remarquer qu'elle exagérait un peu, elle exposa des raisons qui tenaient à une difficile affaire de tapis que nous avions entreprise pour décorer une banque de

* Les mots en italique et suivis d'un astérisque sont en français dans le texte *(N. d. T.)*.

Genève, et à la réussite de laquelle, il est vrai, le nom aidait de façon inespérée. Elle était grande et blonde. Elle avait des gestes un peu brusques, des cheveux courts, couleur de miel, qu'elle arrangeait d'un geste de la main qui la rendait reconnaissable de loin au premier coup d'œil. Lorsque je l'avais vue dans le hall de l'hôtel, ses mains étaient occupées à la machine à sous, de là mon incertitude momentanée. A quarante-cinq ans passés, ses jambes sveltes et fermes avançaient en imprimant à son corps ce balancement propre aux adolescentes. Le visage rond, les lèvres saillantes et bien dessinées dénonçaient le sang macédonien. Ses dents de devant, grandes et légèrement proéminentes, lui donnaient une perpétuelle expression moqueuse et enfantine. La voix, un peu rauque, passait des graves à une gamme chantante lorsqu'elle voulait affirmer quelque chose avec emphase ou relater un fait qui l'émouvait particulièrement. Elle n'était jamais restée longtemps avec un homme. Mais elle conservait envers ses amis, dont certains avaient été des amants occasionnels, une loyauté à toute épreuve et un souci de ce qui pourrait leur arriver qui allait souvent jusqu'au sacrifice. Elle n'avait pas la moindre idée de la valeur de l'argent et elle le dépensait sans se soucier de savoir à qui il appartenait. Elle n'était pas non plus attachée aux objets, dont elle pouvait se passer avec une facilité absolue. Je la vis une fois se défaire d'un beau bracelet qu'elle avait acheté à Istanbul pour en faire cadeau à un chauffeur qui nous avait conduits, par une route presque impraticable, à travers les Andes jusqu'à Mendoza. Une chose la mettait hors d'elle-même : la sottise, la niaiserie mêlée de suffisance pompeuse, si commune chez les gens attachés aux routines opaques de la petite bourgeoisie et qui pullulent dans la bureaucratie, identique sur les cinq continents. A un malheureux directeur d'une banque de Valparaiso, qui avait tenté de lui donner des leçons sur l'impossibilité d'envoyer un virement à l'étranger, elle avait lancé, d'une voix telle qu'on l'entendit jusque dans la rue : « Allez vous faire foutre avec vos petites lunettes dorées et vos transactions bancaires conformes à la règle, crétin! » et elle lui avait tourné le dos après lui avoir adressé un bras d'honneur qui avait laissé l'homme plus interdit encore.

Je l'avais connue dans une crêperie d'Ostende où je m'étais réfugié pour me protéger de la pluie. Une de ces pluies glacées, menues, persistantes, typiques des Flandres, qui nous trempent en quelques secondes sans que nous nous en apercevions. Elle était entrée un peu après moi. J'étais assis à une table contre la vitrine qui donnait sur le quai, et je savourais une crêpe à la ricotta. Elle, sans me voir, a secoué la tête pour sécher ses cheveux et m'a éclaboussé.

– Oh! Excusez-moi! J'ai l'impression d'avoir gâché votre crêpe. Commandons-en deux et je vous accompagne en attendant qu'il cesse de pleuvoir.

Il était impossible de refuser une invitation faite avec une si cordiale désinvolture. Nous nous liâmes d'amitié. Nous vécûmes ensemble plusieurs mois, parcourant les ports de la Manche et de la Bretagne, embourbés dans une affaire compliquée de contrebande d'or, idée d'un Autrichien qui avait été son amant et était tombé entre les mains de la police à Zurich.

– Il a voulu me compromettre dans d'autres stupidités, commises à New York. Il s'est comporté comme un rat mais l'idée de l'or peut marcher un temps.

Avec ces mots, elle avait liquidé l'histoire de l'Autrichien. Elle ne le mentionna plus jamais. Elle avait la capacité d'oublier totalement ceux qui avaient violé les lois non écrites qu'elle imposait à l'amitié et qui s'étendaient, en bonne partie, à toute relation d'affaires ou d'un autre ordre que la vie lui amenait. Nous finîmes par nous installer à Chypre où nous rejoignit Abdul Bashur. C'est lui qui avait eu l'idée des pavillons de signalisation de la marine marchande qui, légèrement modifiés dans leur forme et dans leur couleur, servaient aux contrebandiers pour communiquer entre eux et donner l'alerte sur les activités des gardes-côtes. Nous fîmes un premier essai avec le *Hansa Stern* de Wito, puis avec deux cargos libanais, et la chose marcha à la perfection. Ilona finit par avoir avec Bashur une relation amoureuse dans laquelle elle adoptait une attitude protectrice, et mon bon Abdul jouait à qui trouve cela le plus naturel du monde. Lui, expert dans l'art subtil de la ruse que les Levantins ont l'habitude de pratiquer depuis l'enfance. Comme seule Ilona savait le faire, tout se passa sans la moindre difficulté entre nous et sans que la vieille et mutuelle considération qui nous unissait, Bashur et moi, en souffrît le moins du monde. Je m'installai quelque temps à Marseille pour promouvoir l'affaire des pavillons tandis qu'ils partirent pour Trieste liquider un héritage de notre amie. Un héritage qui s'évapora en impôts et en amendes pesant sur la propriété en litige.

– Je croyais, disait Ilona, que j'allais hériter du château de Miramar au moins. Je n'ai eu que les dettes de la cabane du garde forestier, et elle éclatait de son rire joyeux et tumultueux.

Nous cessâmes de nous voir pendant plusieurs années jusqu'au jour où je la retrouvai en prenant le *ferry* pour l'île de Man. Il tombait cette sempiternelle pluie écossaise qui aide tellement à rehausser le vert de la végétation. Nous nous réfugiâmes dans une modeste pension de Ramsay, moi avec quarante de fièvre et une laryngite qui me rendait muet, elle apprenant à tricoter d'impossibles pull-overs dont les manches ne parvenaient jamais à coïncider. Wito vint nous sortir de là, envoyé par Abdul. Nous partîmes pour Rabat soigner mes bronches et nous lancer dans l'affaire des tapis de la banque de Genève. Ilona se rendit en Suisse et, quelques mois plus tard, nous nous donnions rendez-vous à Alicante. C'est là que je la retrouvai transformée en Ilona Rubinstein.

Elle avait la faculté d'apparaître et de disparaître de nos vies. Elle en partait sans que pesât sur nous nulle culpabilité ni que nous éprouvions un quelconque sentiment d'infidélité. En revenant, elle rapportait comme une nouvelle provision d'enthousiasme et cette capacité tellement sienne de dissiper en un instant tous les nuages qui auraient pu s'accumuler au-dessus de nos têtes. Avec elle on repartait toujours. L'inépuisable ressource dont elle disposait pour sortir d'un mauvais pas nous donnait l'impression qu'à ses côtés nous inaugurions sans cesse la vie, en ayant franchi providentiellement tous les obstacles.

Je lui racontai l'aventure du *Hansa Stern* et la mort de Wito.

– Je le savais, se contenta-t-elle de dire. Je le savais depuis le jour où je l'ai vu pour la première fois. La vie n'aime pas qu'on la traite comme ça, comme si elle était assise sur un banc d'école.

J'achevai de lui raconter mes projets à Panama pour trouver le bout du tunnel dans lequel je me trouvais. L'histoire du cocher viennois la fit rire sans retenue.

– Je les connais très bien, dit-elle. Je crois les voir. Ils vous regardent comme si on allait partir sans payer. A Trieste, il y en avait encore quelques-uns. Je les voyais toujours quand j'allais à l'école, la main dans celle de mon père. Ils ôtaient toujours leur chapeau pour le saluer et lui disaient avec un grand respect et de leur grosse voix de basse russe : « Bonjour, monsieur le comte. » Tu sais que mon père n'était pas comte, bien sûr, mais à Trieste tout le monde l'appelait comme ça à cause de son allure et de ses manières d'officier des lanciers.

Lorsque je lui expliquai qu'Abdul m'avait envoyé des livres sterling alors que lui-même était dans une mauvaise passe, elle se contenta de hocher la tête et de sourire affectueusement, comme pour indiquer qu'elle connaissait par cœur cet aspect admirable de notre ami commun. Quand j'eus terminé mon histoire, qu'elle avait voulu écouter avant de me raconter la sienne, Ilona se leva, alla prendre une douche et revint enroulée dans une serviette. Assise au pied du lit, face à moi, elle commença, avec une expression mi-sérieuse mi-absente :

– Moi, c'est plus simple, Gaviero, et moins intéressant. Après ce que tu as appelé l'« opération tapis » et ton départ pour le Pérou avec les carrières de Chiclayo dans la tête, je suis allée à Oslo où habite une des mes cousines qui tient un commerce de produits de beauté fabriqués à partir d'algues marines. Une de ces histoires que les Français appellent *à dormir debout* *. J'y suis restée deux ans et me suis associée à elle. Un échec, bien sûr, comme il fallait s'y attendre. Qui pouvait avoir l'idée d'une affaire de la sorte dans un pays où il fait nuit la moitié de l'année, où les femmes ont une peau de bébé et une stature d'artilleur? A Oslo j'ai retrouvé Éric Bandsfeld, le Luxembourgeois qui voulait m'épouser à Chypre, auquel tu as consacré toute une nuit pour lui faire comprendre que je ne serais la femme de personne et que j'avais déjà consumé la moitié de ma vie en m'occupant de choses qui n'avaient rien à voir avec les travaux domestiques. Il semble que tu aies réussi à le convaincre, en dépit de son incorrigible entêtement anglo-saxon. Cette fois-là, il avait des intentions un peu moins ambitieuses et j'ai fait deux fois le voyage jusqu'à Hong Kong avec lui. Il avait conservé le fameux marché de perles qui lui procurait de si bons dividendes lorsque nous l'avions connu. Mais les choses changèrent et il dut chercher une autre activité. Il a ouvert à Bruxelles un restaurant végétarien. Au début, c'était comme les crèmes de beauté d'Oslo, mais plus tard, les Belges ont découvert la mode des régimes amaigrissants. Ils en avaient bien besoin. Tu les connais. Éric s'est installé là-bas définitivement, une mine d'or entre les mains. Moi je suis partie pour l'Afrique du Sud où j'ai ouvert une boîte de strip-tease qui voulait copier le Crazy Horse. Tout a bien marché jusqu'au jour où les problèmes raciaux se sont posés. Les autorités ont exigé que je renvoie les deux ravissantes Haïtiennes qui mimaient un acte d'amour tandis que l'une d'elle parlait au téléphone. C'était le clou du spectacle. J'ai préféré tout liquider et je suis rentrée à Trieste. Bon, je passe sur les détails. Deux ou trois aventures de routine, celles que l'on commence en sachant que ça ne marchera pas, mais dans lesquelles, cependant, on se lance tête baissée pour faire quelque chose, par pure inertie, parce qu'elles sont un tremplin vers autre chose; pour nous, tu sais bien comment cela fonctionne. Un an après, j'étais aux Canaries avec un imbécile qui se prétendait fils à papa et l'héritier d'une fortune à Tenerife. En fait, il n'y avait pas plus de papa que de fortune ni d'héritage. Un crétin. Un poteau télégraphique avait plus de conversation que lui. Mais aux Canaries j'ai rencontré une veuve hongroise qui m'a proposé d'installer à Panama une boutique de mode avec d'authentiques modèles de grands couturiers et de la lingerie de grande marque. Ni soldes ni contrefaçons. Elle m'a expliqué que Panama était propice à ce genre de commerce. De plus en plus nombreuses, de riches clientes au goût raffiné et exigeant s'y rendaient depuis les pays voisins. Ce n'était plus la classe moyenne qui venait jusque-là. Nous sommes tombées d'accord. Tellement d'accord que nous avons fini au lit. Je dois reconnaître qu'elle était maître en ce domaine. Mais elle a commis la sottise de tomber amoureuse, avec scènes de jalousie, pleurs et drames « à la magyar » qui faisaient fuir la clientèle, m'épuisaient et me sapaient le moral. Tu sais combien le climat d'ici agit sur les nerfs, les dépose comme sur un oreiller, sur un matelas de mousse, ce qui fait que les signaux du monde extérieur arrivent à retardement et déjà éteints. J'ai eu beaucoup de mal à la convaincre que je n'étais pas la personne qu'elle s'était forgée dans son imagination fiévreuse, et que je n'avais pas la moindre vocation à m'installer dans un cauchemar. Je n'avais eu d'autre intention que de passer quelques bons moments, rien de plus. Elle poussa des cris au ciel. Nous avons fermé la boutique. Il y a deux semaines, elle est repartie pour Londres, renouer un vieil amour avec une pianiste chilienne sur qui elle avait tiré à coups de revolver. Elle l'avait manquée, heureusement, mais cela lui avait tout de même valu de sérieux problèmes avec la police anglaise. Et c'est tout. Comme tu vois, je suis dans cet hôtel Sans-Souci; je n'ai pas de quoi faire les pieds au mur, mais je ne suis pas non plus acculée à la misère. Maintenant je te propose une chose : on va demain au Miramar, on paie ta note et tu apportes tes affaires ici. Comme toujours, on crée une société. On répartit le produit de nos talents bien connus, et à Dieu vat. D'accord?

Je n'eus pas même besoin de lui répondre oui. C'était le même pacte qui nous avait unis en d'autres occasions, avec mon argent ou avec le sien. Je savais que cela fonctionnerait sans embûches. Comme toujours.

Le lendemain nous nous rendîmes au Miramar. Nous payâmes la note et je pris une ou deux chemises, des tennis inutilisables, quelques pantalons de toile informes et souillés de taches de graisse que je conservais plus par affection et par superstition que dans l'intention de les porter. Ils dataient de mon séjour à La Nouvelle-Orléans et de mes voyages sur le *Hansa Stern,* et je ne voulais pas m'en séparer. Il y a des vêtements qui prennent valeur d'amulettes. On croit qu'ils protègent des catastrophes et on ne veut pas s'en défaire, non plus que de leurs hypothétiques pouvoirs bienfaisants jamais prouvés.

La vie avec Ilona se déroulait indéfectiblement à deux niveaux, ou plutôt selon deux directions simultanées et parallèles. D'une part, on conservait les pieds sur terre, une vigilance avisée et néanmoins jamais obsessionnelle à l'égard de ce que chaque jour nous offre pour répondre à l'interrogation routinière de la vie. D'autre part, une imagination, une fantaisie débridée créaient jour après jour, spontanément et par surprise, des situations, des objectifs toujours orientés vers une radicale sédition contre toute règle écrite et établie. Il s'agissait d'une subversion permanente, organique et rigoureuse, qui ne permettait jamais d'emprunter les sentiers battus, les chemins agréables à la plupart des gens, les modèles traditionnels où se réfugiaient ceux qu'Ilona appelait, sans emphase ni superbe, mais aussi sans concession, « les autres ». Gare à celui qui, à son côté, montrait le plus léger signe de s'ajuster à leurs modèles! A l'instant même, elle coupait tout contact, toute relation, tout engagement avec celui qui pouvait tomber dans une faiblesse aussi impardonnable et elle ne le mentionnait plus jamais. Il allait grossir les rangs des « autres », c'est-à-dire qu'il n'existait plus. Pour nous qui avions vécu quelque temps avec elle, un seul de ses regards suffisait à nous indiquer que nous approchions de la zone de danger. Abdul racontait, à ce propos, une anecdote qui illustre très bien le principe de notre amie. Un jour qu'ils voyageaient ensemble, Abdul voulut envoyer à l'un de ses associés dans une affaire où celui-ci avait empoché tous les bénéfices une carte postale pour le remercier de l'hospitalité qu'il leur offrait dans une propriété estivale de l'île de Khyros. Lorsqu'il tendit la carte postale à Ilona pour qu'elle appose sa signature à côté de la sienne, celle-ci le regarda droit dans les yeux une fraction de seconde et retourna dans la salle de bains où elle était en train de se coiffer. Elle ne dit pas un mot, Abdul déchira la missive et en jeta les morceaux dans les toilettes. Ils ne reparlèrent de l'incident que plusieurs mois après, lorsque je les rencontrai à Marseille. Nous déjeunions sur le port, d'une langouste préparée avec de l'huile d'olive et de l'ail, accompagnée d'un humble muscadet qui nous communiqua, cependant, une joie réconfortante, marine et sans fioritures. Abdul raconta l'incident sur un ton moqueur et enjoué. Ilona riait elle aussi mais lorsque Bashur eut terminé, elle nous regarda avec une expression de Minerve en colère et se contenta de dire :

– Ce Libanais a couru un très grave danger avec sa courtoisie *mal placée* *. Il a risqué sa tête.

– Je l'ai compris tout de suite, dit Bashur un peu moins enjoué, avalant son verre de vin pour dissimuler la panique fugace qu'avaient semée les mots d'Ilona.

Les jours s'écoulaient tranquillement. Les pluies s'espacèrent et nous entrâmes d'emblée dans l'été superbe de l'isthme qui a, pour moi, de secrètes et très efficaces vertus d'exaltation. Je mentionnai un jour à Ilona le problème de nos économies et celle-ci déclara :

– Écoute, oublions la chose pour le

moment. Si on se fait du souci, tu sais très bien que la solution ne va pas tomber du ciel. En plus, nous ne sommes pas pressés. Oui, je sais, ce n'est pas un endroit où rester toute sa vie. D'ailleurs, pour nous, un tel endroit n'existe pas. Les crises comme celles que tu viens de traverser ont cela de très mauvais qu'elles sapent cette confiance dans le hasard, cette foi en l'inattendu qui sont les conditions essentielles pour aller de l'avant. Laisse faire les choses, la clé est cachée en elles.

Elle avait raison. Je me rendis compte, alors, que j'étais tombé bien bas et que ma chute avait enrayé et paralysé les ressorts du mécanisme qui nous octroie une confiance aveugle en notre destin. Cette certitude propice qui m'avait sauvé tant de fois de catastrophes pires que celle-là, à laquelle j'avais échappé grâce à Ilona, et à la pluie qui l'avait amenée, comme toujours.

Nous faisions l'amour l'après-midi, avec la lente et minutieuse patience de ceux qui bâtissent des châteaux de cartes. Après leur écroulement torrentiel et libérateur, nous nous lancions dans l'évocation des amis communs, des lieux de bonheur partagés, des plats inoubliables savourés dans des coins connus de nous seuls, et de tumultueuses soûleries qui se terminaient, indéfectiblement, au commissariat ou au bureau de la police portuaire. Dans l'un ou l'autre cas, les choses s'arrangeaient facilement grâce à une succession efficace de sophismes où nous étions passés maîtres. Un soir, nous fûmes pris d'un fou rire irrépressible en nous souvenant d'un petit matin à Anvers où nous échouâmes à la préfecture de police. Là, un paisible gendarme belge, aux grosses moustaches cuivrées parsemées de poils blancs, regardait Ilona avec des yeux ébahis et ensommeillés, tandis que celle-ci lui expliquait, le plus sérieusement du monde, que j'étais son frère et qu'elle m'avait enlevé d'un hôpital psychiatrique où m'avaient fait enfermer les patrons du bateau sur lequel je travaillais comme second machiniste. Ils voulaient garder pour eux l'indemnisation à laquelle j'avais droit une fois mon contrat terminé. Le pauvre Flamand se grattait la tête avec un crayon, tandis qu'il nous observait avec une incrédulité qui pouvait se transformer, d'un moment à l'autre, en une amende considérable ou en plusieurs jours sous les verrous. A la fin, il nous demanda de filer et de ne plus jamais remettre les pieds ici. Nous obéîmes, bien sûr, mais en partie seulement. Il était impensable de ne pas revenir à Anvers car nous utilisions ce port comme base de nos incursions sur les côtes bretonne et cantabrique. Et ainsi, d'après-midi en après-midi, nous évoquions les jours que nous avions passés, ensemble ou avec des amis communs comme Abdul, auxquels nous liait la solidarité indestructible de ceux qui ne veulent pas le monde tel qu'il leur est donné mais comme ils se proposent de l'ordonner.

Bien que nous respections rigoureusement notre pacte de ne parler ni de nous inquiéter de nos finances, nous savions tous deux que le compte de l'Indian Trade National Bank s'amenuisait sans remède. Il n'y avait pas de quoi se faire de souci, mais le moment viendrait où ce qui resterait serait notre ultime recours pour quitter Panama. Avant d'en arriver là, il fallait trouver cette solution magique qui nous avait toujours tirés d'affaire et pour laquelle nous gardions, Ilona surtout, une foi semblable à celle de l'équilibriste au milieu de son parcours sur la corde raide. Allusions fugaces, brefs silences, commentaires qui frôlaient ce que nous ne pouvions mentionner, indiquaient que la chose nous préoccupait sans parvenir toutefois à briser le rythme de vacances illimitées que nous avions imposé à nos journées. Le matin, long bain de soleil à la piscine de l'hôtel, à midi, déjeuner à la Maison du fruit de mer ou au Matsuei dont le plat de *sushi* était plus qu'appréciable; l'après-midi, sieste et érotisme dilué dans de joyeuses nostalgies et, le soir, tournée des casinos des grands hôtels pour voir l'avide clientèle d'Orientaux et de Sud-Américains perdre son argent, comme à Monte-Carlo, mais avec des manières de métèques irrécupérables. Nous finissions la nuit dans un cabaret de seconde zone où, avec un effort d'imagination assez chiche, se déshabillaient des femmes dont nous jouions à deviner la nationalité, généralement sans y parvenir : la « magnifique Chilienne » annoncée par le présentateur était une pensionnaire fatiguée d'un bordel de Maracaibo, l'« Argentine sensuelle » avouait irrémédiablement être née à Ambato, à Cuenca ou parfois à Guayaquil, mais était toujours équatorienne. Le comble de nos méprises fut de parier, un soir, que la « piquante Uruguayenne » était colombienne alors qu'elle venait, en fait, de Tacuarembo. Il est vrai que les lieux n'étaient guère variés, et les filles sur la scène encore moins. Nos incursions dans ce monde s'espacèrent peu à peu car nous préférions aller dans un des bars tranquilles du Hilton ou du Continental pour boire, sans hâte mais sans répit, des cocktails dont nous soumettions la formule à de légères modifications. L'hétérodoxe résultat était soumis à une méticuleuse échelle de valeurs. Ainsi naquit le « Panama Trail », un martini-vodka dans lequel le kirsch remplaçait le Noilly Prat habituel. Il nous communiquait une lente euphorie qui nous amena à l'élire une des meilleures découvertes de notre longue carrière d'alcooliques invétérés, fidèles à une doctrine plus qu'éprouvée de règles et de goûts laborieusement conquis.

Les premiers signes, à peine perceptibles, d'un changement nécessaire, dans notre routine qui se faisait plus longue qu'il n'était tolérable, commencèrent à apparaître insidieusement, puis avec une évidence de plus en plus marquée. Au lieu de descendre à la piscine, nous demeurions au lit, prolongeant un sommeil improbable par des caresses efficaces mais que nous invoquions plutôt comme un prétexte pour rester dans la chambre. Les bars n'avaient plus cet éventail baroque de possibilités offertes à celui qui a fréquenté les ports de la Méditerranée. Il y a un moment où le manque d'un bon « blanc cassis » ou d'un authentique « negroni » peut parvenir à perturber l'esprit. De même l'envie d'un opportun « arak » avec des glaçons, auquel nous tentions de substituer des succédanés qui ne servaient qu'à exciter plus encore notre appétence frustrée. Avant que la situation n'atteigne un seuil critique qui nous eût placés devant la nécessité d'une solution radicale, Ilona eut un de ses traits de génie.

Les gens de la Villa Rosa

Un soir, nous étions assis sur la terrasse qui prolongeait le hall du Panama Hilton, devant une Tuborg qu'un garçon, avec qui nous étions dans les meilleurs termes, nous avait dénichée grâce à un sortilège peu coutumier en ces lieux. La réverbération de la chaleur déformait la silhouette des taxis, qui attendaient un client éventuel, suffisamment courageux pour aller faire des courses sous ce soleil justicier. Deux minibus s'arrêtèrent devant l'entrée et l'équipage du DC-10 de la compagnie Iberia, qui fait escale à Panama, en descendit au grand complet. Nous regardâmes ces gens aux uniformes tombant de travers et qui ne pouvaient être qu'espagnols.

– Aucun uniforme ne peut habiller un Espagnol, fit Ilona, en réponse à une observation que je venais de faire. Ils ont trop de caractère, ils ressemblent trop aux Romains de l'époque de Trajan pour parvenir à s'engoncer dans ces vêtements qui, en revanche, vont si bien aux Anglo-Saxons qu'ils finissent par tous se ressembler avec une monotonie qui les rend anonymes. La chef hôtesse, par exemple, je te parie qu'elle s'appelle Maite, qu'elle habite Madrid qu'elle déteste, qu'elle a un frère dans la marine marchande et un autre, joueur de pelote basque.

Je lui fis remarquer qu'elle exagérait sans doute un peu. De toute façon, nous n'avions aucun moyen de vérifier ses conjectures. Je ne m'imaginais pas demander des choses aussi personnelles à la grande et élégante blonde au teint hâlé et aux épaules larges. Ilona sourit vaguement sans m'écouter vraiment. Soudain elle prit cet air d'absence concentrée, signe irrévocable qu'elle commençait à tramer une de ses fameuses conspirations. Nous achevâmes notre bière et nous allâmes au Matsuei goûter un bon *buta dofu* qui nous changerait du *sushi* trop familier. Nous parlâmes peu durant le repas et moins encore en rentrant à l'hôtel. Nous nous allongeâmes sur le lit, nus, les fenêtres ouvertes dans l'espoir d'une improbable brise. Au silence d'Ilona je compris que le moment n'était pas aux exercices amoureux. Je plongeai dans un sommeil profond, facilité par la bière du Hilton et le *saké* du restaurant japonais. Lorsque je me réveillai, le soir tombait et les grillons commençaient à émettre leurs indéchiffrables messages vespéraux. Ilona était sous la douche. Elle essayait de chanter une chanson polonaise en remplaçant les mots oubliés par un fredonnement approximatif. Elle sortit, enroulée dans une serviette imprimée de hiéroglyphes égyptiens, qu'elle avait achetée au bazar Ben-Rabi et qui, en réalité, avait été fabriquée au Salvador.

– De toute façon, elle est d'excellente qualité, dit-elle avec la conviction de qui n'est pas résigné à avoir été dupé.

Elle s'assit au pied du lit, comme toujours lorsqu'elle voulait discuter de quelque chose de sérieux, et tandis qu'elle se brossait les cheveux, elle commença à exposer son plan, conçu pendant le déjeuner et mûri pendant que je dormais.

– Maqroll, me dit-elle, j'ai une idée pour sortir d'ici avec suffisamment d'argent et sans beaucoup de travail. Je veux dire : sans ce travail que nous n'aimons pas et qu'il ne vaut même pas la peine de tenter d'accomplir. Écoute-moi bien et ne m'interromps pas.

Quand j'aurai fini, tu me diras ce que tu en penses. Écoute : il s'agit de monter une maison de rendez-vous à l'usage exclusif des hôtesses de l'air des compagnies aériennes qui transitent par Panama, ou d'autres tout aussi connues. Non, ne fais pas cette tête. Je sais ce que tu penses. Évidemment ce ne seraient pas de vraies hôtesses. Je ne suis pas encore folle. On recrutera des jeunes filles prêtes à marcher dans la combine et qui peuvent passer pour d'authentiques *stewardess.* On fera faire des uniformes et on soumettra les candidates à une légère préparation préliminaire : vocabulaire du métier, routes de leur compagnie, membres d'équipage, anecdotes de la routine du service et de la vie à terre, etc. Pour trouver les premières postulantes, j'ai une liste de clientes de la boutique que nous tenions, Erzsébet Pasztory et moi. Certaines menaient déjà une vie demi-mondaine, comme disait mon père, et d'autres montraient pour elle une vocation marquée. Pour attirer les clients, nous avons deux groupes de collaborateurs prêts à participer en échange d'une somme d'argent que nous leur remettrons périodiquement : les barmen des hôtels que nous avons soumis à notre hétérodoxie alcoolique, et les garçons d'étage de ces mêmes hôtels dont beaucoup rendent déjà ce service d'information aux clients. Oui, je sais, tout se fera avec une discrétion rigoureuse. De toute façon, tôt ou tard, nous aurons la police sur le dos. A la boutique j'ai acquis pas mal d'expérience sur ce sujet-là aussi. Quelques filles devront se sacrifier pour le bien des affaires. Il faudra chercher une maison près des hôtels, dans un quartier résidentiel mais avec des magasins, des restaurants, et une ou deux boîtes de nuit. Près d'ici j'ai repéré plusieurs rues qui conviendraient très bien. On cherchera soigneusement. Oui, quand les propriétaires apprendront de quoi il s'agit, ils se plaindront. Je préférerais en trouver un à qui parler franchement. Le mouvement dans la maison sera extrêmement discret. Deux, au maximum trois filles à la fois. Bien sûr, pas de danse et le volume de la musique dans les chambres sera contrôlé par nous. Les filles s'habilleront à l'intérieur de la maison, avant l'arrivée des clients, et ceux-ci viendront sur rendez-vous téléphonique. Elles ne descendront pas du taxi ou de la voiture devant la maison, mais au coin de rue le plus proche. Toujours une par une, jamais par deux ni accompagnées de leurs amis, de leurs maris, que sais-je encore. Il ne faudra pas écarter, à la longue, l'éventualité d'une plainte des compagnies aériennes. Cela ne pourra pas aller très loin et je vais te dire pourquoi : les uniformes ne seront pas exactement identiques à ceux que portent les vraies hôtesses de l'air. On y apportera quelques modifications. Si le client pose des questions, on lui expliquera que c'est un nouvel uniforme à l'essai sur certaines lignes. Le paiement : la fille recevra ce que le client voudra bien lui donner, cela va de soi. Elle nous paiera par mensualités fixées à l'avance, sans tenir compte du nombre de clients qu'elle aura reçus. Si un client fait des caprices avec une des filles, on essaiera, dans la mesure du possible, d'inventer des difficultés à un nouveau rendez-vous avec elle : elle a été affectée sur une autre ligne, elle est en vacances, elle assiste à un cours de perfectionnement à Miami ou à Tampa, n'importe quelle excuse qui ait l'air professionnelle et logique. Il s'agira d'espacer les rendez-vous, non de les supprimer complètement. Si le client veut être avec deux femmes à la fois, on lui dira que c'est impossible car elles font très attention à garder secrètes leurs escapades et ne veulent pas être vues par leurs collègues, même d'une autre compagnie. Ça, pour le principe. Un client connu et de confiance pourra bénéficier d'avantages exceptionnels. Maintenant je t'écoute.

J'étais ahuri de voir comment Ilona avait planifié tous les aspects de l'opération. J'avais oublié ses talents en ce domaine. Je le lui fis remarquer et j'eus l'idée d'ajouter quelque chose qui, à dire vrai, m'inquiétait bien plus que la mécanique elle-même de l'affaire que je pensais être tout à fait viable et d'une solidité indiscutable.

– Je tremble à l'idée, lui dis-je, de rester à Panama pour un temps indéterminé si l'affaire prospère. Je ne tiens pas à rester ici toute ma vie. Si Abdul relève la tête, on peut encore faire des tas de choses avec lui. En outre, je suis un peu saturé de l'atmosphère. Ici, il ne se passe rien. Ou plutôt, il se passe beaucoup de choses mais qui ne m'intéressent pas.

– Là-dessus, nous sommes tout à fait d'accord, Gaviero, répondit Ilona en posant la brosse à cheveux sur le lit. Moi non plus je ne resterai pas ici toute ma vie. Tu me connais assez pour savoir que si tu en as marre, moi j'en ai jusque-là – elle porta la main à son front avec une brusquerie emphatique –, mais il s'agit précisément de réunir assez d'argent pour quitter Panama en ayant profité, au moins, du temps investi. Et pour pouvoir entreprendre avec Abdul quelque chose qui vaille la peine, tu auras besoin de pas mal d'argent. Tu sais quels sont ses plans. Au fond, il a toujours rêvé d'être un petit Niarkos.

Je ne pus que rire à cette observation si juste sur les ambitions de notre bon ami. Juste et ironique parce qu'Abdul n'en finirait jamais, de même que nous, de passer d'une affaire à l'autre sans parvenir à réaliser ses rêves. Des rêves que nous, nous avions cessé d'ourdir depuis longtemps. Il est évident que la vie réserve des surprises beaucoup plus complexes et imprévisibles, et que le secret consiste à les laisser venir sans leur barrer la route avec des châteaux en Espagne. Abdul, en bon Oriental, continuait d'être fidèle à ses projets de grandeur, qu'il déployait devant nous avec une éloquence et une conviction délirantes. Mais c'était un autre problème. Le projet d'Ilona était irréprochable et pour le moment je n'avais aucune objection à lui opposer. Nous décidâmes de nous lancer dans l'aventure avec une confiance totale qui servirait efficacement nos objectifs.

Trouver la maison idéale fut chose facile. La propriétaire était une veuve d'un certain âge. Dès le début de la conversation, nous nous aperçûmes que son passé était riche en épisodes érotiques et sentimentaux, dans lesquels les conventions n'avaient pas été un obstacle majeur. Cela nous encouragea à lui avouer tranquillement l'usage que nous pensions faire de la maison. Elle se contenta de nous demander si nous allions aussi nous y installer. Nous lui répondîmes que nous pensions, en effet, l'habiter pour lui donner l'apparence d'une résidence familiale respectable et tranquille. Elle nous demanda trois mois de caution car nous n'avions personne pour nous servir de garant. Nous tombâmes d'accord sur tout. Peu de temps après, nous avions décoré et meublé la maison dans un style où la tradition côtoyait quelques fantaisies méridionales d'Ilona qui la rendaient assez habitable. Au rez-de-chaussée, il y avait un grand salon avec une cheminée. Celle-ci, en plein Tropiques, nous amusa beaucoup :

– Il n'y a que l'Amérique, Maqroll, il n'y a que l'Amérique pour nous offrir de si charmantes aberrations, déclara Ilona en regardant le manteau de pierre qui ornait, dans un baroque grotesque, cette prétention d'élégance européenne au cœur d'une région équatoriale.

Du salon on passait dans une salle à manger que nous installâmes en petite salle d'attente où les clients rencontreraient leur partenaire. Une porte à battants séparait cette petite pièce plus intime de la grande. Les deux pièces du rez-de-chaussée et la chambre de bonne furent aménagées en chambres avec salle de bains indépendante. Ilona et moi habiterions au premier étage, dans des chambres séparées par une salle de bains commune. Nous partagerions également une terrasse qui donnait sur le jardin abandonné de la maison de derrière, contiguë à la nôtre. Dans une autre chambre, également au premier étage, nous aménageâmes une cuisine rudimentaire et un bar bien fourni. Ilona résolut facilement le problème de la domesticité. La propriétaire nous rendait visite de temps à autre pour étudier les modifications que nous lui proposions, et qu'elle approuvait d'un sourire mi-amusé mi-nostalgique. Lorsque Ilona mentionna le problème des femmes de ménage, doña Rosa – c'était le nom de la veuve – lui déclara qu'elle mettait à notre disposition l'une des deux servantes noires qui étaient à son service. Elle viendrait tous les jours nettoyer les chambres et faire quelques travaux supplémentaires dont nous pourrions avoir besoin. C'était la solution idéale. Il ne nous manquait plus qu'un barman pour servir les clients. Un garçon de l'hôtel Sans-Souci, que nous connaissions bien et qui nous avait en sympathie, accepta de se joindre à nous.

Ilona avait ce que j'appelais des « rapts baptismaux ». Ils consistaient à donner aux gens et aux endroits des noms de son invention qui leur restaient définitivement. La maison reçut celui de Villa Rosa. En l'apprenant, la surprise dut se peindre sur mon visage car Ilona me dit :

– Je sais qu'il n'y a pas plus commun mais il faut rendre hommage à la maîtresse des lieux et à ses nombreuses heures de vol. Tu ne crois pas?

Je ne fus pas très convaincu mais je compris qu'il était inutile d'insister. Le garçon que nous avions engagé, qui s'appelait Luis, fut baptisé Longinos. Il était petit, gros, brun, avec des traits réguliers et un peu efféminés. A première vue, le pseudonyme de Longinos ne lui allait pas du tout mais avec le temps nous nous habituâmes à lui et lui à son nouveau nom. Avec les « baptêmes » d'Ilona il en allait toujours ainsi : il fallait un certain temps pour découvrir leur justesse indiscutable et révélatrice.

Lorsque tout fut en place, nous emménageâmes à la Villa Rosa. Ilona entra en contact avec les prétendues hôtesses de l'air. Elle parlait d'une « base immédiatement disponible », qui me rappelait les hommes politiques et surtout les économistes : quand elle donnait un nom à une activité déterminée, celle-ci acquérait une évidence irréductible, une vie immédiate, indubitable. Restaient les uniformes. Je trouvai la solution et plus tard, j'ai longuement insisté pour qu'on me reconnaisse cet apport fondamental. Longinos avait de nombreux et bons amis parmi les garçons d'étage des hôtels où les équipages passaient la nuit. Grâce à eux, il s'arrangea pour dérober, l'espace de quelques heures, les uniformes que les hôtesses de l'air laissaient au nettoyage. Une couturière, qui avait travaillé à la boutique comme retoucheuse, copia les vêtements en y introduisant de légers changements, selon les indications d'Ilona. Quelques jours plus tard, la collection d'uniformes était prête. Nous nous consacrâmes alors à fouiner dans les bars des principaux hôtels. C'était la partie la plus délicate de l'affaire. Chacun sait que la police est en contact permanent avec les barmen, les serveurs et les chefs des garçons d'étage qui représentent une source d'information irremplaçable. Il s'agissait, dès le début, de les appâter avec une somme d'argent suffisante pour qu'ils ne passent pas le renseignement aux autorités. Nous prîmes beaucoup de précautions. Quelques jours plus tard, nous recevions les premiers appels. Le personnel féminin avait déjà quelque entraînement et l'affaire prit corps, avec la lenteur prévue mais sans obstacles majeurs et sur des bases très fermes.

Doña Rosa apparaissait périodiquement. Elle s'amusait beaucoup des anecdotes que nous lui racontions sur ce qu'elle appelait notre trafic d'hôtesses de l'air. Je dois avouer que la plupart des choses qui se sont passées là-bas se sont effacées de ma mémoire, en raison peut-être de leur issue catastrophique et de leurs conséquences dont je ne me remettrai jamais complètement. Mes souvenirs de cette période sont quelque peu confus et seuls quelques visages me reviennent en mémoire, l'accent de certaines voix et une ou deux anecdotes notoires. Les premières protégées de la maison étaient au nombre de cinq. Chacune correspondait parfaitement au type requis par la ligne aérienne qu'elle était supposée représenter. Une blonde née à Maracaïbo, de père texan et de mère portugaise, qui parlait un anglais assez acceptable, jouait à la perfection le rôle de la *stewardess* de la Panagra. Une brune à la peau couleur tabac, aux traits classiques et aux cheveux lisses coiffés en un chignon qui lui donnait un air légèrement andalou, convenait admirablement au prétendu uniforme de la KLM. Nous lui inventâmes des parents à Aruba et un vague passé universitaire à Barranquilla. En réalité elle était de Puerto Limon et baragouinait un anglais passable. Pour les compagnies colombiennes et vénézuéliennes, l'affaire fut beaucoup plus facile. Nous nous débrouillâmes avec deux Panaméennes et une Salvadorienne. Toutes avaient connu Ilona à la boutique. A l'époque, elles lui avaient fait comprendre qu'elles avaient besoin d'arrondir leurs fins de mois. Elles sortaient de temps en temps avec un homme d'affaires rencontré au bar du Hilton ou du Continental, mais cela ne suffisait pas à payer leurs robes et autres frais indispensables pour attirer des clients plus généreux. La formule de la Villa Rosa tombait à pic, qui résoudrait leur problème.

Je me souviens du premier écueil qui nous fit trébucher et que nous esquivâmes grâce à une coordination providentielle d'Ilona et de Longinos. Un soir, vers onze heures, arriva un client qui avait téléphoné deux fois et à qui, pour une raison ou une autre, nous n'avions pu obtenir le rendez-vous qu'il désirait avec l'hôtesse de la KLM. L'entrevue était fixée pour le soir même. Il arriva en avance. Longinos monta chercher Ilona. Ses yeux étaient agrandis par l'épouvante. Il y avait de quoi. Le client travaillait, semblait-il, pour la KLM. Longinos le connaissait depuis longtemps. Il l'avait vu accompagner les équipages à l'hôtel. Ilona descendit pour tenter de régler l'affaire qui n'était guère aisée. En effet, notre hôte avait travaillé au fret de la KLM, mais ne faisait plus partie de la compagnie. Il avait son propre commerce à Colon en tant qu'agent des douanes. Ilona, cherchant à occuper les quelques minutes qui restaient avant que n'arrivât la fille, parvint à savoir que c'était un amoureux qui brûlait de jalousie pour un vieil amour secret datant de l'époque où il travaillait à la compagnie d'aviation hollandaise. Il cherchait désespérément une hôtesse de l'air qui avait toujours refusé ses avances. Il était certain que c'était elle qui venait à la Villa Rosa parce qu'une femme qui lisait dans les cartes le lui avait prédit en de vagues allusions, que l'amoureux désespéré interprétait à sa manière. A un signal convenu avec Longinos, Ilona sut que la jeune fille attendait dans le petit salon. Elle offrit un whisky au client, cadeau de la maison, et sortit parler avec la fille. En quelques secondes, elle la fit changer d'uniforme et retourner dans la salle d'attente. Elle revint voir le client et lui expliqua que son amie de la KLM avait manqué au rendez-vous. Elle assistait à un cours de perfectionnement à Amsterdam. Mais une beauté d'Avensa l'attendait, qui venait pour la première fois. L'homme partit les larmes aux yeux, en proie à un trouble indescriptible. Il balbutia quelques mots et paya la somme correspondant au rendez-vous qu'il avait pris.

Cet incident nous ouvrit les yeux sur de possibles complications qui pourraient survenir avec des gens travaillant dans les compagnies dont nous empruntions le nom.

– Nous devrions utiliser des uniformes de

compagnies qui n'ont pas de représentation ici. Nous dirons qu'il s'agit d'équipages en transit qui vont prendre un avion tombé en panne dans un autre endroit des Caraïbes.

Ilona trouvait toujours des solutions immédiates dans lesquelles elle avait une foi inébranlable. Je lui fis remarquer que cela diminuerait l'intérêt du client et pourrait éveiller des soupçons sur l'authenticité de ce qu'elle appelait notre « offre de base ». Elle déclara, avec un léger accent de compassion :

– Ah Gaviero! Innocent que tu es! Tu ne sais pas ce que les hommes sont prêts à croire quand il s'agit de mettre une fille dans leur lit. Si je te racontais...

Un autre soir, le barman de l'hôtel Regina nous appela pour nous informer qu'un client très spécial allait nous téléphoner : il s'agissait d'un Turc d'Anatolie, aveugle, immensément riche, qui maniait d'énormes capitaux appartenant à ses associés, lesquels faisaient confiance à son flair infaillible pour investir dans des affaires financières et en tirer des profits considérables. Il passait sa vie dans les avions, suivant le cours de ses coups de cœur. Il voulait être avec deux femmes à la fois. L'homme appela peu après et je lui répondis en un turc plutôt inconsistant. Dans un français impeccable, il me confirma son souhait et je lui dis que je le rappellerais le lendemain pour l'informer de l'heure à laquelle il pourrait venir. J'en parlais à Ilona.

– Il y a deux problèmes, dit-elle, qui ne t'ont pas traversé l'esprit et qui sont sérieux. Premièrement, s'il est aveugle, il viendra avec quelqu'un pour lui servir de guide; cela peut s'arranger parce qu'on le fera attendre dans le petit salon et les filles se chargeront de l'éfendi anatolien. Deuxièmement, s'il a beaucoup voyagé et s'il a un faible pour les hôtesses, il doit connaître leur uniforme au toucher. C'est possible qu'il trouve là son plus grand plaisir, et plus encore s'il est vieux comme cela semble être le cas. Les aveugles sont terriblement méfiants. N'importe quel changement dans l'uniforme éveillera ses soupçons. Il est possible qu'il n'avale pas facilement l'histoire du nouveau modèle qu'on essaie sur quelques lignes. Mais c'est inutile de s'en faire pour l'instant. Je serai là quand il entrera dans le petit salon pour qu'on lui présente les filles. On verra bien. Ces Turcs sont diablement difficiles, mais à Trieste, on en faisait ce qu'on voulait; autrement, il y a des siècles qu'ils nous auraient mangés tout crus.

L'homme arriva ponctuellement à six heures de l'après-midi ainsi que nous en étions convenus. Il était accompagné d'une femme que l'on pouvait deviner à cent lieues à la ronde être sa sœur : mêmes cheveux crépus et roux, mêmes yeux rieurs, vert bouteille chez elle, recouvert d'une pellicule opaque et blanchâtre chez lui. L'homme devait avoir au moins quatre-vingts ans, mais il montrait cette force orientale arrêtée à un âge immuable qui ne dépassait pas les soixante-quinze ans. Nombre d'entre eux arrivent ainsi à leur centième anniversaire. Ils meurent d'un arrêt du cœur dans le lit d'une quelconque maîtresse ou derrière le comptoir de leur commerce. La sœur était un peu plus jeune et ne souriait jamais. Elle demanda un thé tandis que son frère passait dans le petit salon accompagné d'Ilona. Les deux jeunes filles que nous avions réservées pour l'éfendi se levèrent. L'homme s'approcha d'elles et, ainsi que l'avait prévu Ilona, il les parcourut minutieusement des mains, touchant chacun des boutons et des insignes de l'uniforme, s'arrêtant au buste et aux hanches. Une fois son examen terminé, il se retourna vers Ilona avec un sourire lent et malicieux :

– L'astuce est sympathique. Très sympathique. Elles sont hôtesses de l'air comme moi je suis Atatürk. Mais elles sont jeunes et jolies, avec une chair ferme que l'on trouve rarement dans ces régions. Et vous, madame, vous êtes de Trieste, n'est-ce pas? Ou de Corfou? Non, de Trieste, dit-il tandis qu'il caressait les mains d'Ilona avec une délicatesse qu'il n'avait pas eue pour les filles.

– Oui, je suis de Trieste, répondit-elle. Comment l'avez-vous deviné?

– A votre accent, madame, et à votre peau. Seules les femmes de Trieste gardent une peau aussi élastique et douce. A Corfou aussi, mais leur accent est épouvantable. Bon, allons dans la chambre.

Les filles le conduisirent, une de chaque côté, tandis qu'il leur touchait les fesses et le ventre en répétant à voix basse, avec un accent pierreux qui n'était pas dépourvu d'une certaine grâce : « Très bien, l'astuce, très bien. *Ah, ces Triestins, très malins, très malins *!* »

Pendant ce temps, la sœur buvait thé après thé, servie par Ilona dans un grand verre, ce dont la femme lui fut très reconnaissante.

Elle ne parlait qu'un dialecte d'Anatolie que nous ne pûmes comprendre. Passé minuit, l'homme reparut, escorté par les deux filles qui riaient encore d'une plaisanterie du Turc. Celui-ci prit le bras de sa sœur et dit au revoir à Ilona en lui baisant la main et avec une déférence très fin de siècle. Les filles restèrent un moment pour prendre un café et des sandwichs que leur apporta Longinos. C'était deux Costaricaines recrutées par Ilona. Elles avaient un grand sens de l'humour et semblaient désinvoltes et sûres d'elles-mêmes comme beaucoup de leurs compatriotes. Elles nous racontèrent par le menu les inventions érotiques de leur client. La performance du vigoureux vieillard avait été exceptionnelle. Sa profonde science de harem avait suscité l'admiration de nos protégées. Il n'avait pas cru à l'histoire des hôtesses. Dès la conversation téléphonique il avait eu des soupçons. Mais il l'avait prise à la blague et avait dressé à ses compagnes d'alcôve un inventaire minutieux de chaque uniforme des principales compagnies aériennes, ce qui confirma une fois de plus la justesse des prévisions d'Ilona.

Cet épisode nous conduisit peu à peu à éviter d'utiliser le nom de compagnies aériennes trop connues. C'était un risque inutile et embarrassant. L'expérience nous indiquait qu'il n'était pas même nécessaire de mentionner une compagnie en particulier. La plupart du temps, les clients se contentaient de supposer que les filles étaient bien des hôtesses de l'air. La ligne sur laquelle elles travaillaient était, en fait, secondaire. Exception faite de la blonde de Maracaïbo, de la brune au chignon gitan et d'une ou deux autres qui évoquaient certaines nationalités et certaines compagnies, le reste du personnel finit par utiliser une formule dont je suis fier de revendiquer la paternité : il suffisait de dire au client que la fille n'était titularisée par aucune compagnie et qu'elle voyageait par plaisir pour le compte d'une école d'hôtesses ayant son siège à Jacksonville. Ilona, comme toujours, avait raison; notre clientèle ne se montrait pas avide de vérifier l'authenticité de l'offre que nous lui faisions, à condition toutefois que la femme eût un air cosmopolite, même superficiel, et possédât les attraits que l'imagination du client anticipait sur la base de l'accord passé avec le barman ou le chef des garçons d'étage de l'hôtel. Comme il fallait également s'y attendre, le bruit courut très vite parmi les agents de voyage, les directeurs régionaux en constants déplacements, les comptables des firmes américaines et les maris fortunés qui voyageaient sous un prétexte plus ou moins valide. Le téléphone de la Villa Rosa était connu d'eux tous, ce qui rendit moins nécessaire le travail du personnel hôtelier. Nous le conservâmes cependant, par fidélité et par sympathie envers ceux qui nous avaient aidés au début.

Comme un acte de simple justice et de gratitude, je ne peux omettre de parler de celui qui joua peu à peu un rôle prépondérant à la Villa Rosa, rôle qui le rendit non seulement irremplaçable mais fit de lui un compagnon dont l'intelligente solidarité éveillait chaque jour davantage notre reconnaissance et augmentait notre étonnement. Je veux parler de Luis Antero, pour nous Longinos. Il était originaire de Chiriqui et son accent montagnard, à mi-chemin entre le chant et le zézaiement, soulignait le caractère enfantin qui émanait de toute sa personne. Il était fils unique. Son père était décédé quand Longinos était âgé de quatre ans. Il travaillait à l'Entreprise d'énergie électrique et était mort électrocuté en examinant un transformateur à l'entrée de la ville. Le cadavre carbonisé était resté là toute la journée, secoué par le vent comme une poupée disloquée. C'était le premier souvenir de Longinos. Il avait passé son enfance dans les jupons de sa mère. Elle s'était installée avec ses deux sœurs célibataires, et celles-ci prenaient soin de l'enfant en lui prodiguant des tendresses qui l'avaient marqué pour le restant de ses jours. Imberbe et grassouillet, il montrait dans ses manières une évidente affectation féminine. Il n'était pas homosexuel mais il en avait l'air pour avoir en grande partie adopté, inconsciemment, les gestes et les façons de parler des femmes qui l'avaient élevé. Il avait une connaissance infaillible des replis les plus secrets et les plus complexes de l'âme féminine, ce qui lui valut beaucoup de conquêtes très enviées durant son séjour dans le milieu hôtelier. Une discrétion à toute épreuve qu'il ne transgressait jamais, même dans les situations les plus compromettantes, contribua à ses succès. Lorsque l'on mentionnait devant lui le nom d'une des maîtresses qu'on lui attribuait, il prenait un air innocent et surpris à ce point convaincant qu'il parvenait à tromper qui ne le connaissait pas comme nous et ignorait son art, aussi subtil que clandestin. Peu de temps après son arrivée à la Villa Rosa, Longinos commença à éprouver pour Ilona une admiration et un attachement tels qu'avant même qu'elle n'ouvre la bouche, il savait déjà ce qu'elle désirait et accomplissait la volonté de mon amie avec une efficacité irréprochable. Quelques mois plus tard, nous l'intéressâmes aux bénéfices qui allaient croissant. Longinos se chargea peu à peu du recrutement des nouvelles filles et du contrôle de celles que nous avions choisies comme permanentes. Il les traitait avec un mélange de rigueur et de complicité amicale qui nous aida à nous occuper moins de l'affaire. Ilona s'en était chargée consciencieusement au début, mais elle manquait de la patience et du tact nécessaires pour diriger un personnel féminin avec lequel, pour tout dire, elle ne sympathisait pas.

– Au fond, disait-elle, ce sont des têtes de linotte qui ne finiront jamais de grandir. Peu importe l'endroit où elles sont nées. Cela leur vient des Tropiques, du machisme latin et du manque d'éducation qui leur est commun à toutes. J'ai toujours eu du mal à savoir à quelle classe sociale elles appartiennent parce qu'elles ont toutes un dénominateur commun : elles sont mal élevées et leur caractère malléable et capricieux les rend imprévisibles. Non qu'elles soient menteuses, mais elles ne savent pas comment parvenir à la vérité. Elles s'arrêtent toujours en chemin. *Elles me tapent sur les nerfs* *. Longinos, en revanche, les dirige parfaitement et obtient d'elles des choses qui sont hors de ma portée.

A mesure qu'Ilona se reposait sur Longinos, nous disposions de plus de temps pour être ensemble. Nous reprîmes notre habitude de faire l'amour l'après-midi et de sortir le soir pour inventer des projets et imaginer des entreprises mirifiques, riant de nous-mêmes et de l'irréalité de nos plans. Ilona avait minci et ses seins, pleins mais fermes, se remarquaient davantage. Comme elle ne portait pas de soutien-gorge, elle avait récupéré un air de jeunesse qui lui allait à merveille. La sérénité dorée dans laquelle elle s'était installée l'incitait à une économie de paroles qui rendait plus catégoriques encore ses jugements et, si tant est que ce fût possible, plus justes ses formules. Elle appelait Longinos le « vizir de Mitilène », et sur sa lancée elle transforma la blonde Vénézuélienne en « Bilitis », ce qui ne semblait pas lui plaire beaucoup bien qu'elle ne l'avouât jamais. Elle se contentait de froncer ses épais sourcils noirs superbement dessinés. La Villa Rosa devint aussi la « Maison du Maltais », en souvenir d'un vieux film français, avec Marcel Dalio et Viviane Romance, qui avait marqué notre adolescence à tous deux. Je l'évoquais comme une de mes premières expériences de trouble.

Grâce à Longinos, nous pûmes franchir sans inconvénient le délicat et pathétique épisode de M. Peñalosa. Cette histoire vaut la peine d'être contée en détail. Il y a en elle un mélange de tendresse, de tristesse et de stupidité qui la distingue des récits classiques où nous avions coutume de nous reconnaître, lorsque nous vivions pleinement notre condition insensée de rêveurs luttant à bras-le-corps contre ce que nous appelions, sans jamais savoir très bien en quoi elle consistait, la réalité.

Un matin, nous prenions notre petit déjeuner sur la terrasse attenante à nos chambres, entourée par les grands caoutchoucs et les lauriers des Indes du jardin semi-abandonné voisin. Nous n'avions jamais vu personne dans cette végétation touffue que nous avions baptisée la « jungle de l'isthme ». Cette absence de témoins inopportuns nous permettait de laisser ouvertes nos fenêtres, celle de la chambre d'Ilona ou la mienne, tandis que nous faisions l'amour. Après avoir frappé discrètement, Longinos nous dit qu'il avait besoin de nous parler. A cette heure, ce devait être quelque chose d'exceptionnel. Il dormait toujours très tard car il n'allait jamais se coucher avant quatre ou cinq heures du matin. Nous le fîmes entrer et il nous informa de ce qui se passait :

– Un monsieur vient de téléphoner qui dit être logé à l'hôtel Continental. Il veut un rendez-vous pour demain.

– Bon, lui répondis-je, arrange ça. Quel est le problème?

– Le problème, monsieur, c'est que l'homme disait des choses très confuses et semblait peu décidé. Il a posé plusieurs questions qui me font supposer qu'il est de la police ou qu'il n'a jamais tenté une expérience semblable.

– Mon Dieu, Longinos, l'interrompit Ilona, s'il était de la police il n'aurait pas hésité un instant et aurait eu l'air complètement naturel. Tu ne les connais peut-être pas?

– Vous avez raison, madame, mais je ne sais que penser. On aurait dit un curé ou quelque chose comme ça. Je lui ai dit de rappeler dans une heure. Qu'est-ce que je dois lui dire?

– Si c'était un curé, répondit Ilona, il n'aurait pas non plus hésité et n'aurait laissé transparaître aucun trouble. Arrange-lui un rendez-vous avec la petite Lourdes de Cali. Je crois savoir ce dont il s'agit.

Longinos sortit plus tranquille. Ilona ajouta :

– C'est un timide, Gaviero, un timide. Je les connais comme si je les avais faits. C'est des casse-pieds. Ils embrouillent tout et butent sur n'importe quoi comme des ânes aveugles.

Je crus qu'elle avait raison et qu'il n'y avait pas de quoi s'inquiéter.

Ilona avait baptisé « petite Lourdes de Cali » une blonde maigrichonne, très réservée, avec un visage innocent et des yeux bleu pâle, qui baissait toujours le regard quand on lui parlait. En prononçant les S, elle les faisait siffler comme le font les sœurs. Elle nous avait dit être de Cali, en Colombie. Je crois plutôt qu'elle inventait cela pour s'auréoler du prestige qu'a cette ville de posséder les plus belles femmes de la côte pacifique et de ses alentours. Nous étions arrivés à la conclusion qu'elle devait être du plateau andin, mais elle ne l'avouait pas, croyant, avec raison, que cela n'ajouterait rien à sa silhouette monacale. Grâce aux confidences de certains clients, nous apprîmes qu'elle possédait au lit un savoir babylonien. Ils la redemandaient toujours. Ilona l'avait baptisée d'un nom plutôt profanateur mais, comme toujours, bien trouvé. Le lendemain, l'homme fut ponctuel. Il était quatre heures de l'après-midi, une heure plutôt rare pour les rendez-vous de la Villa Rosa. Longinos monta pour me demander de venir.

– Je crois que madame a raison. Mais ce ne serait pas de trop que vous jetiez un coup d'œil. Des gens comme ça, il n'en vient jamais.

En effet, notre hôte était le représentant d'un monde pour lequel la Villa Rosa devait appartenir à la catégorie de l'inimaginable. Petit, mince, avec des traits réguliers et une fine moustache droite, à l'évidence teinte et ne s'accordant pas avec ses cheveux grisonnants qui autrefois avaient dû être blonds. M. Peñalosa, ainsi qu'il se présenta d'emblée avec une candeur désarmante, portait des lunettes à monture dorée et avait les gestes quelque peu automatiques et lents, à la fois, de ceux qui passent leur vie parmi les chiffres et les livres de comptes. Il avait une serviette marron avec ses initiales gravées en lettres dorées, sans doute un cadeau de sa compagnie pour un anniversaire récent. « Vos vingt-cinq premières années avec nous, mon cher Peñalosa », la phrase toute faite d'un gérant qui, pendant tout ce temps, avait dû tenir le pauvre homme dans un enfer perpétuel d'incertitude et d'humiliations. J'invitai Peñalosa à s'asseoir. Nous engageâmes une de ces conversations superficielles sur le climat de Panama et le coût de la vie, ce qui servit au moins à détendre l'atmosphère. Notre homme était en réalité pris d'une panique incontrôlable. Il ne savait où poser sa serviette, ni quoi faire de ses mains ou de ses pieds. Enfin rassuré, il se décida à me parler ouvertement.

– Écoutez, monsieur, c'est la première fois de ma vie que – comment dire – je me permets une incartade de ce genre. Je suis le représentant d'un conseil d'audit qui prête ses services à des compagnies aériennes. Je suis arrivé hier soir à Panama et le garçon d'étage qui m'a monté mes bagages m'a parlé de cet endroit où, d'après lui, viennent des hôtesses de l'air pour passer un moment avec des personnes respectables et discrètes. Il m'a donné le numéro de téléphone et j'ai appelé.

Permettez-moi de vous avouer que j'ai toujours eu un énorme faible pour les jeunes femmes qui font ce travail. Je voyage beaucoup en avion dans mon pays, mais c'est la première fois que je vais à l'étranger. Je suis venu monter un conseil pour une agence qui a ouvert une ligne à Panama il y a un an. Je suis marié et j'ai deux filles, une de dix ans et l'autre de douze – et il sortit de son portefeuille une photographie en couleurs de ses deux filles, montées sur des bicyclettes, devant chez lui. En arrière-plan, il y avait une femme aux traits un peu flous, qui souriait avec la bonne volonté des résignés.

– Très jolies les petites. Merci, lui dis-je en lui rendant sa photo.

Je fus sur le point d'ajouter que ce n'était pas l'endroit où exhiber des photos de famille, mais je me rendis compte que la moindre observation en ce sens l'aurait anéanti. Un silence qui se prolongeait plus que de raison fut interrompu par des bruits dans la pièce contiguë. C'était la fille qui entrait pour attendre Peñalosa. Contre tous les principes par nous établis, je sentis que je devais expliquer à notre hôte – de nouveau en proie à une panique incontrôlable, probablement à cause de la réalisation imminente de ce qui avait dû être pendant tant d'années un fantasme érotique ardent et réprimé – qui était la jeune fille qui l'attendait.

– C'est une jeune fille sérieuse et très discrète qui vient très peu ici. Elle travaille à la Panagra comme instructrice d'hôtesses et elle est de passage à Panama. Elle doit partir pour reprendre son travail à Miami. Vous pouvez avoir toute confiance en sa discrétion, monsieur Peñalosa. Soyez tranquille. Sentez-vous comme chez vous. Je vais vous faire monter deux whiskies.

– Merci beaucoup, monsieur, me répondit-il sur un ton un peu plus tranquille, mais c'est que je ne bois jamais. Je ne sais pas si je dois. Vous êtes très aimable.

– Oui, je crois que vous devez, dis-je d'un ton qui se voulait autoritaire. Il n'y a rien de mieux qu'un bon écossais pour rompre la glace.

Le pauvre Peñalosa se sentit dans l'obligation de rire, croyant que j'avais fait un jeu de mots. Telle n'avait pas été mon intention, bien évidemment. Le conseiller entra dans le petit salon. Longinos lui présenta la fille et je montai mettre Ilona au courant de mon entrevue.

Elle fit quelques commentaires sur l'imprévisible réaction des timides dans des circonstances semblables mais je n'y prêtai pas attention. Passé minuit, Longinos vint de nouveau nous trouver.

– Monsieur Peñalosa dit qu'il voudrait passer la nuit avec la fille de Cali. Qu'en pensez-vous, monsicur?

– Demandez à madame, lui dis-je. Je n'y vois pas d'inconvénients mais il vaut mieux prendre son avis.

Ilona entra dans ma chambre au même moment.

– Il devra payer double pour la nuit et vous lui expliquerez qu'il lui faudra quitter la chambre demain à la première heure. Je ne veux pas l'avoir ici toute la journée.

– Il a déjà payé, madame. Je lui ai expliqué que ce qu'il avait d'abord donné c'était pour quelques heures et il a payé tout de suite. Mais il y a quelque chose qui m'inquiète.

– Voilà que maintenant tout le monde s'inquiète pour ce pauvre imbécile, déclara Ilona avec une évidente irritation. Qu'il fasse ce qu'il veut. Laissez-le en paix, un point c'est tout. Oubliez cette ganache ou nous allons tous finir par lui ressembler.

– Madame, insista Longinos, sans bouger. Le problème n'est pas lui. C'est la serviette qu'il a avec lui. Elle est pleine de billets et il les sort pour payer les boissons. Il en est à sa seconde bouteille de Dewar's. Et il a déjà donné à la fille deux cents dollars.

– C'est par là que tu aurais dû commencer, mon garçon, dit Ilona de la voix sereine mais opaque qui lui venait lorsqu'un danger s'annonçait. Gaviero, il faut descendre voir ce type. Explique-lui que nous ne voulons pas de problèmes. Qu'il nous donne la serviette avec l'argent et on la rangera dans le coffre-fort, ici, en haut. On lui donnera un reçu. Quand il partira, on fera les comptes et tout le monde sera tranquille. Mais il ne faut pas qu'il s'amuse en bas avec tous ces billets. D'autres clients vont arriver et il faut éviter les complications. Je te l'avais bien dit, ces timides respectables, bons pères et maris exemplaires, sont un danger du diable.

M. Peñalosa convint de tout et nous donna la serviette en échange d'un reçu qu'il écrivit de sa main, d'une impeccable écriture de comptable, bien qu'il fût déjà passablement éméché. Le lendemain matin, Longinos nous réveilla pour nous dire que notre hôte voulait garder la chambre et qu'on lui rende le service de faire appeler une amie de la fille, qui vivait avec elle.

– Matildita, c'est semble-t-il le prénom de la fille, me dit que son amie est ravissante et de toute confiance, ajouta Longinos en imitant la voix de Peñalosa.

– Je sais qui est cette crétine, déclara Ilona depuis la salle de bains dont nous laissions toujours les portes ouvertes. Appelle-la mais dis-lui que si elle se soûle comme la dernière fois on la renvoie sur-le-champ. C'est elle qui a fait ce scandale avec un type de São Paulo qui avait apporté deux bouteilles de cachaça, et qui a failli provoquer une catastrophe.

Trois jours passèrent. Peñalosa était toujours dans la chambre et sa note allait grimpant. Il demanda du champagne pour célébrer l'arrivée de deux Salvadoriennes venues rejoindre la fille de Cali et son amie. L'homme ne perdait pas ses bonnes manières. Il appelait ses compagnes d'alcôve « ces demoiselles de cabine ». Sur son visage brillait une expression de complaisance béate, de bonheur inespéré et inépuisable qui finit par nous émouvoir. La fin, bien prévisible, ne se fit pas attendre. Un après-midi arrivèrent à la Villa Rosa trois individus qui avaient l'allure caractéristique des cadres destinés à un grand avenir dans leur entreprise. Je les fis passer dans le salon, prêt à les écouter. Ils venaient chercher Peñalosa. Ils appartenaient à la compagnie aérienne qui avait demandé la création d'un conseil. L'argent de la serviette devait être déposé dans une banque de Panama qui n'avait pas de succursale dans d'autres pays. Il était destiné à plusieurs paiements urgents. Trois jours auparavant, ils avaient téléphoné à l'hôtel sans parvenir à joindre Peñalosa. Le lendemain ils apprirent qu'il n'était pas rentré dans sa chambre. Après quelques recherches discrètes, ce matin, un des garçons d'étage les avait informés du numéro de téléphone que l'on avait donné à Peñalosa. L'un d'eux avait en effet arrangé avec Longinos un rendez-vous, annulé par la suite. Peñalosa, me dirent-ils, était un employé de toute confiance. Il appartenait à la société depuis trente-trois ans et n'avait jamais travaillé ailleurs. Il avait débuté comme comptable. Sa conduite était irréprochable et on ne lui avait jamais connu la moindre défaillance. Lui-même se vantait de n'avoir jamais trompé sa femme et de s'être marié vierge. Je leur expliquai, à mon tour, quelle avait été notre attitude avec lui et les rassurai quant à la serviette. Je leur montrai une copie du reçu que nous avions donné à Peñalosa et leur dis que l'argent était à leur disposition. Ils payèrent la note, qui se montait à plus de deux mille dollars, et me firent savoir qu'ils voulaient parler à Peñalosa et l'emmener avec eux.

– Si vous me permettez, expliquai-je, je crois qu'il vaut mieux que je lui parle en premier pour le mettre au courant de la situation. Cela fait trois jours que cet homme n'a cessé de boire et il peut facilement perdre son contrôle, bien qu'il se soit comporté très correctement jusqu'à maintenant.

Ils donnèrent leur accord et attendirent dans le salon.

Lorsque j'entrai dans la chambre, après avoir frappé et m'être annoncé, la scène était à la fois émouvante et grotesque. Peñalosa, en caleçons, entouré de ses amies, les unes nues les autres en sous-vêtements, se laissait caresser avec une complaisance de pacha. Je donnai aux filles l'ordre de s'habiller et d'aller dans la chambre voisine. Je devais parler seul avec monsieur. Elles obéirent sans plus attendre. Peñalosa me regarda avec un air de déconvenue qui se transforma peu à peu en une panique dévastatrice.

– Qu'est-ce qu'il y a, monsieur, qu'est-ce

qu'il y a? Ces jeunes filles n'ont rien fait, je vous assure.

Je lui expliquai qu'il ne s'agissait pas de cela. Trois messieurs de la société l'attendaient dehors. Ils voulaient qu'il les accompagne. Au bord des larmes, l'homme balbutia de vagues explications et de timides excuses. Il voulait demeurer ici indéfiniment. Sa vie, lâche et mesquine, n'avait été qu'un interminable mensonge.

– Personne ne m'avait jamais dit que ceci existait, monsieur. Je l'ignorais. Vous vous rendez compte? Et il commença à pleurer sans pouvoir se retenir. Les larmes coulaient le long de sa barbe grise qui, en trois jours, l'avait vieilli de dix ans. – Je ne veux pas partir, monsieur. Ne les laissez pas m'emmener. Je veux rester ici. Vous avez été si aimables.

Je l'aidai à s'habiller en m'efforçant de le convaincre qu'il était impossible d'accéder à ses désirs.

– Vous reviendrez un autre jour, lui dis-je pour essayer de le consoler.

– Non, monsieur, je ne reviendrai jamais. Je ne sais même pas si je conserverai mon travail. C'est fini, je le sais. Merci pour tout.

Il sortit en traînant les pieds. Je ne voulus

pas l'accompagner jusqu'au salon. Longinos le fit pour moi avec cette courtoisie impersonnelle apprise dans les hôtels, et dont il savait se servir en de telles circonstances.

L'épisode de Peñalosa porta à son terme ma tolérance d'une vie qui m'ennuyait de plus en plus. Dans la conduite de l'affaire, Ilona aussi en était arrivée au point limite de la patience. Le trafic permanent de femmes, dont la vie élémentaire contrastait avec la nôtre et l'affublait d'une sorte d'écorce insipide faite de minuscules histoires, de mesquineries calculées, de jalousie professionnelle et du narcissisme que chacune d'elles alimentait avec les préférences supposées des clients, était devenu une routine asphyxiante. Ilona, malgré tout, par solidarité naturelle et par sympathie pour les femmes, avec une indulgence que je n'avais pas et n'avais jamais eue envers cette atmosphère de sérail et de volière, était plus généreuse que moi pour supporter ce qui me devenait intolérable. Elle le savait, et, avec une affectueuse compréhension, elle tentait de me rendre plus légère cette existence qui, de toute évidence, touchait à sa fin.

Au cours d'un petit déjeuner servi sur la terrasse et qui se prolongea jusqu'à midi passé, nous résolûmes de faire face à la situation et d'y mettre un terme. Nous convînmes d'attendre les premières pluies pour faire nos adieux à la Villa Rosa. Ilona avait dressé le bilan de nos bénéfices – elle s'était toujours chargée de cette tâche qui dépassait mes talents et mes goûts – et nous décidâmes d'en partager la totalité en trois, pour faire participer Bashur à l'entreprise. Nous fûmes d'accord pour envoyer immédiatement sa part à notre ami afin qu'il puisse résoudre ses difficultés d'argent. Nous déposerions les nôtres sur un compte épargne commun pendant quelques mois. Ce que nous gagnerions dorénavant et jusqu'à notre départ servirait à payer notre voyage, et nous permettrait de laisser Longinos en situation de monter une petite affaire qui le rendrait indépendant. Les premières pluies commenceraient dans un peu plus de deux mois. Prendre ces décisions, fixer un terme à notre séjour à Panama et à la vie de la Villa Rosa nous procura un soulagement croissant et réparateur.

– Il serait curieux de savoir, dit Ilona, pourquoi nous affecte tant un état de fait que nous n'avons vécu à aucun moment comme attentant à nos principes éthiques si personnels. L'ennui vient d'ailleurs, d'une autre partie de nous-mêmes.

– Je crois, répondis-je, qu'il s'agit d'esthétique plus que d'éthique. Que ces femmes se prostituent avec notre consentement et notre soutien, nous nous en moquons complètement. Ce qui est difficile à supporter c'est la vie que nous procure cette activité, lucrative sans doute mais d'une monotonie irrémédiable. Dans notre monde catholique et occidental, on a coutume d'opposer comme deux pôles antinomiques prostitution et mariage. Dans les faits, lorsque l'on voit de près l'un d'eux, comme c'est notre cas maintenant, l'antithèse se dissipe et se transforme en une espèce de parallélisme aberrant. Mais je nc crois pas qu'il faille mettre autant de philosophie dans l'affaire. En constatant que la prostitution est aussi conventionnelle que le mariage, nous confirmons seulement que la voie de l'errance permanente, qui est celle que nous avons choisie, et la volonté de ne jamais refuser ce que la vie – ou le destin, ou le hasard, comme tu voudras l'appeler – nous offre au passage, sont efficaces pour nous empêcher de tomber dans l'ennui de la résignation.

Ilona applaudit, réjouie :

– Bravo Gaviero! Quand tu te décides à penser tu parviens à mettre chaque chose à sa place. Le problème, c'est qu'en peu de temps tout va de nouveau de travers. Mais peu importe du moment que l'on sait retomber sur ses pieds. Avec les pluies, nous partirons d'ici. Tu trouveras bien une mine où t'enfermer, au milieu de la Cordillère ou dans les gorges du premier fleuve que tu traverseras, et là tu passeras ton temps à contempler ton nombril et à te partager en trois comme un bonze.

– Va-t'en au diable, lui dis-je, et sers-moi une autre tasse de thé. Quand tu auras l'envie d'ouvrir une boutique à Terre-Neuve j'irai te repêcher. Tu te poses là, toi aussi, pour inventer des combines insensées.

Elle vint s'asseoir sur mes genoux et, passant sa main dans mes cheveux, elle me dit à l'oreille en imitant l'accent provençal :

– *Ne t'en fais pas, Maqroll, on sortira d'ici passablement riches et ça compte quand même* *.

Quelques jours après ce dialogue sur la terrasse apparut à la Villa Rosa le messager funeste envoyé par les dieux pour nous rappeler qu'il ne nous appartient pas de modifier la plus petite parcelle de notre destin. Il vint sous la forme d'une femme au nom slave et évidemment fictif de Larissa. Les dés avaient été jetés depuis bien avant nos décisions sur la terrasse. Nous le sûmes très vite.

Larissa

Larissa arriva un matin, peu avant midi. Elle était envoyée par Alex et la blonde de Maracaibo. Cette dernière avait déjà touché deux mots à Ilona d'une femme née dans le Chaco, d'origine incertaine, mais qui avait couru le monde, parlait plusieurs langues, menait une existence très discrète et avait une allure sensationnelle. Longinos la conduisit jusqu'à la terrasse où nous prenions un bain de soleil en maillot de bain. Ce qui attira d'emblée mon attention fut une certaine parenté de traits avec Ilona. Le même nez droit, les mêmes lèvres épaisses et bien dessinées, la même taille et les mêmes jambes longues et moulées qui donnaient l'impression d'une force élastique, d'une jeunesse invincible. Cependant, en la regardant mieux, je me rendis compte que la ressemblance était purement superficielle et qu'elle se dissipait devant un examen plus attentif. Les cheveux, d'un noir intense, étaient rebelles et ébouriffés et lui tombaient presque sur les épaules. C'était comme si toutes deux venant de la même région n'avaient eu de commun que cette légère ressemblance. Elle avait la voix rauque et la parole facile. Plus que d'être intelligente, elle donnait l'impression de posséder cette très rare faculté de s'orienter parmi les choses essentielles, durables et certaines, et de ne pas avoir besoin du reste. Nous nous aperçûmes très vite combien cette impression était fausse. Elle regardait son interlocuteur dans les yeux mais ce n'était pas lui qu'elle fixait. En fait, elle semblait chercher, avec une astuce patiente et secrète, cet autre être qui nous accompagne toujours et ne monte à la surface que lorsque nous sommes seuls, pour transmettre certains messages, effacer des certitudes fragiles et nous laisser en proie à d'inavouables perplexités. C'est ce qu'explorait Larissa et elle fouinait patiemment, s'efforçant de récupérer ce que nous croyions et espérions irrécupérable.

Tandis que Larissa nous donnait quelques explications de routine sur son désir de travailler à la Villa Rosa, sur son expérience acquise à Singapour, à Stockholm et à Buenos Aires, ses dons pour les langues et autres précisions inintéressantes, je remarquai qu'elle accaparait l'attention d'Ilona, ce qui était inhabituel. Nous l'invitâmes à boire quelque chose et elle demanda un café très fort. Elle s'assit sur une chaise longue, à l'ombre d'un immense cambulo qui poussait dans le jardin d'à côté et dont la cime ombrageait une partie de la terrasse. Ses fleurs tombaient autour de la femme. Au bout d'un moment, elle fut auréolée d'une intense couleur orangée. J'eus le sentiment que cet effet faisait partie d'une cérémonie secrète dont la signification m'échappait. Sa voix rauque sortait de l'ombre avec un accent de sensualité qui me fit penser à une pythie avide interrogeant l'avenir de passants sans défense. Elle me prit par surprise en m'adressant la parole.

–Je me rends souvent dans un bar que vous fréquentiez l'hiver dernier. Nous ne nous sommes jamais rencontrés. Ou plutôt, je vous ai vu une fois mais vous ne m'avez pas remarquée. C'est Alex qui m'a parlé de vous. Il m'a dit que vous habitiez la pension Astor. Je vis tout près de là et je connais le propriétaire. Je ne sais pas comment vous avez fait pour vous débarrasser de lui. Quand on tombe dans la toile d'araignée qu'il tisse pour mettre quelqu'un à sa merci, il est très difficile de lui échapper.

– Vous y êtes parvenue? lui demandai-je en essayant à mon tour de la surprendre.

– Je n'ai jamais eu besoin de lui et je ne me jetterai pas dans ses filets.

La leçon était un peu dure à avaler. Ilona me regarda avec une inquiétude fugace mais évidente. Je pensai qu'il valait mieux aller au fond des choses. Peu à peu, je comprenais à qui j'avais affaire :

– A un certain moment je me suis trouvé obligé de travailler pour lui. Mais grâce à notre ami commun, Alex, j'ai pu m'esquiver à temps et je suis allé m'installer ailleurs.

– Oui, dit-elle tandis que les fleurs du cambulo continuaient de tomber tout autour d'elle, à l'hôtel Miramar. L'Équatorienne est une personne bien. J'ai habité chez elle une semaine ou deux pendant que je faisais faire des travaux chez moi.

Il était évident que je devais me taire. Sans que la moindre rivalité n'affleurât entre nous, une de ces obscures et irrémédiables incompatibilités rendait inutile et peu souhaitable l'affrontement avec cette femelle du Chaco, aussi avisée que bien informée. Si elle devait travailler avec nous, mieux valait la maintenir en terrain neutre afin de pouvoir coexister sans problème. Ilona, qui bien sûr suivait notre dialogue avec intérêt, dévia le plus naturellement du monde la conversation sur certains détails de l'uniforme que porterait Larissa et sur l'histoire à inventer autour de son travail d'hôtesse.

– Je ne veux pas porter d'uniforme, déclara-t-elle avec une véhémence si décidée que nous attendîmes une explication. Vous n'aurez qu'à dire que je suis inspectrice. Que je voyage régulièrement pour vérifier si le règlement envers les passagers est bien observé. J'insinuerai que je travaille pour la Civil Aeronautic Board et que, pour des raisons évidentes, je voyage incognito.

L'alibi de la CAB me sembla quelque peu insensé. Je précisai que c'était elle qui pourrait encourir des risques. Elle en convint avec une facilité qui me déconcerta. Il y avait en cette femme quelque chose qui ne cessait de m'échapper. Non qu'elle dissimulât quoi que ce fût, mais plutôt parce qu'elle appartenait à un monde que je ne connaissais pas et qui, sans être hostile, représentait des forces, des courants, des régions qui étaient pour moi territoire inconnu.

Lorsque Larissa se leva pour partir, Ilona l'imita et l'accompagna jusqu'à l'escalier. Elles traversèrent la chambre en parlant à voix basse tandis qu'Ilona lui passait le bras autour des épaules en un geste que je ne lui avais vu avec aucune des filles. Elle se voulait protectrice, mais c'était plutôt comme si elle cherchait le soutien de quelqu'un de plus fort qu'elle.

Au début, la présence de Larissa ne se fit guère sentir et n'apporta pas grand changement à la vie de la Villa Rosa. Elle venait souvent le matin et prenait le soleil avec nous sur la terrasse. Elle, toujours à l'ombre, assise sur la chaise longue qu'elle avait choisie le premier jour, auréolée des fleurs du cambulo qui tombaient autour d'elle; nous, lisant, poursuivant une conversation ou, généralement, passant en revue les villes et les lieux que nous connaissions. Les jugements de Larissa étaient toujours un peu vagues, comme enveloppés dans une brume qui ne parvenait pas à donner aux souvenirs un profil exact, un volume défini. C'était, en revanche, une des qualités les plus remarquables des récits ou des souvenirs d'Ilona.

D'un trait elle évoquait une ville, un paysage, une île, un pays. Dans le cas de Larissa, son imprécision s'étendait à sa propre vie à Panama. Nous ne parvenions pas à savoir où elle vivait. La seule certitude était qu'elle n'avait pas le téléphone. Elle appelait toujours du bar que tous deux avions fréquenté. Nous lui laissions là les rendez-vous que nous avions pris pour elle. Elle avait également pour particularité de choisir avec soin ses clients, en fonction de leur âge, de leur éducation et de leur origine. Après ses premières visites, elle nous expliqua de sa voix de baryton en chaleur et d'un air absent :

– Je vous demanderai, s'il vous plaît, de ne pas me prendre de rendez-vous avec des hommes jeunes. Je préfère les hommes mûrs qui ont reçu, au moins, une éducation dans d'autres pays et n'ont pas les façons exubérantes et renversantes des gens d'ici. Je ne voudrais pas d'Américains ni d'Orientaux non plus. Je sais qu'il n'est pas très facile de deviner ces détails par téléphone, mais si vous m'aidez un peu et si Longinos collabore, je me charge du reste. Je formerai peu à peu ma propre clientèle. Il y a certains types d'homme avec qui je m'entends très bien et ceux-là reviennent toujours – Ilona allait dire quelque chose mais Larissa ne la laissa pas parler. – Oui, je sais, dit-elle avec un sourire qui voulait être aimable et ne parvint qu'à être condescendant, je demande peut-être beaucoup et ce genre d'exigence ne doit pas faire partie des règles de la maison. Je le comprends. Mais vous verrez qu'en très peu de temps ce ne sera plus un problème pour vous alors qu'en revanche c'est pour moi la seule façon de faire ce travail et d'obtenir de bons résultats pour tout le monde.

Ilona resta silencieuse. Je continuai de fixer les nuages qui passaient dans le ciel, poussés par une brise qui annonçait la pluie.

Nous apprîmes par Longinos où vivait notre nouvelle recrue. Un jour on appela du bar pour me dire que j'avais du courrier. Quelques amis continuaient de m'y écrire. Longinos alla le chercher et en rentrant, il attendit un long moment avant de monter me le donner. Dans son attitude se mêlaient humour et étonnement.

– Quand je suis arrivé pour prendre la lettre, expliqua-t-il, Alex m'a demandé de porter à madame Larissa un paquet qu'on avait déposé pour elle au bar. On aurait dit des vêtements de femme. Il m'a expliqué qu'il fallait le porter là où elle vivait et non ici. J'ai répondu que je ne connaissais pas son adresse et il m'a regardé sans me croire. Il a hésité un moment et à la fin il m'a dit de descendre jusqu'à l'avenue Balboa, et que je trouverais à quelques mètres plus loin vers le nord, au bord de la mer, sur une petite plage de galets avec des jetées en ciment enfoncées dans le sol comme pour arrêter la marée, un bateau de pêche à moitié en ruines adossé à la digue. Il m'a dit que je devais appeler la dame depuis le trottoir, et qu'elle viendrait prendre le paquet. C'est ce que j'ai fait. Quand je l'ai appelée, elle a passé la tête par le hublot de la seule cabine qui eût l'air à peu près habitable, puis elle m'a demandé ce que je voulais et qui m'avait indiqué où elle vivait. Je le lui ai dit et elle est sortie pour prendre le paquet. Elle était en sous-vêtements, et d'une humeur de chien. « Et ne va pas raconter à tout le monde où j'habite. Ça n'intéresse personne. Ne reviens jamais ici et explique ce que tu voudras à tes patrons. Je leur parlerai. Fiche le camp, petit imbécile! » Elle parlait à voix basse comme pour qu'on ne nous entende pas. Il n'y avait personne. Mais c'était une vraie furie. On va bien voir quelle histoire elle va inventer pour vous.

– Ne t'inquiète pas, dit Ilona pour le calmer, ce n'est pas ta faute. Si elle n'a pas recommandé au bar qu'on ne révèle pas son adresse, c'est son affaire. N'y retourne pas, c'est tout.

Longinos nous laissa seuls. Nous demeurâmes un long moment silencieux. Je me souvenais parfaitement du bateau en ruines, échoué sur la petite plage pleine de galets et de blocs de ciment. Depuis ma fenêtre de la pension Astor je le voyais tous les jours. Soudain, je me rappelai quelque chose que j'avais oublié et qui, alors, avait attiré mon attention : le soir, de temps en temps, on voyait une lumière blafarde dans l'une des cabines contiguës au pont de commandement qui tombait en poussière. Le nom du navire me revint aussi. Sur une enseigne de bronze noirci, vissée au bastingage de tribord, on pouvait lire encore le mot *Lepanto.* L'écart entre un nom aussi sonore, imprégné de légendes, et la dépouille d'un humble caboteur gisant, oxydée et informe, sur cette petite plage convertie en dépôt à ordures depuis des temps immémoriaux, m'avait intrigué. Longinos l'avait confondue avec un de ces bâteaux de pêche qui mouillent habituellement au fond de la baie. A certains détails de son architecture, à la forme des hublots et des deux conduits de ventilation qui, par un miracle d'équilibre, tenaient encore debout, il était facile de deviner l'origine du bateau. Il avait dû sortir des chantiers de Toulon, de Gênes ou de Cadix. Je m'étais demandé un temps comment il avait pu échouer ici, brisé contre une jetée de Panama, puis je l'avais oublié. Maintenant, la triste image de la dépouille du *Lepanto* surgissait d'un passé immédiat, libérée de l'oubli salutaire. Torturante évidence qui, comme les mystères de Delphes, se devait d'être déchiffrée dans l'épouvante.

Peu de jours après la visite de Longinos à Larissa, celle-ci demanda à nous parler. Elle avait renvoyé un de ses clients habituels. Elle monta dans nos chambres, avec un air fatigué et une colère contenue qu'elle ne savait contre qui diriger pour la justifier. Ilona la calma peu à peu, jusqu'à lui insuffler un épuisement paisible, propice au dialogue. L'influence que mon amie exerçait sur l'impénétrable femme du Chaco était étonnante. En quelques mots prononcés au hasard, elle lui transmettait une paix, un équilibre tranquille qui pouvaient durer plusieurs jours. Sereine et disposée à nous raconter l'énigme de son domicile, Larissa se mit à parler. Son histoire contenait des obscurités, des labyrinthes et des brèches qui l'apparentaient à un monde visionnaire pouvant prêter à des conjectures teintées d'un ésotérisme dont j'ai toujours su me garder, par un instinct aveugle de préservation du chaos, qui est pour moi un des visages de la mort les moins tolérables et les plus létaux.

– J'ai embarqué sur le *Lepanto* à Palerme, commença Larissa. J'avais passé là-bas plusieurs années comme demoiselle de compagnie d'une dame de la noblesse sicilienne, la princesse de la Vega y Hoyos, dernière descendante d'une famille de grands d'Espagne qui étaient restés en Sicile après que l'île avait cessé d'appartenir à la couronne espagnole. La vieille femme veillait sur une médiocre fortune avec la parcimonie de qui sait pouvoir sombrer dans la misère d'un moment à l'autre. Elle avait une culture admirable et lisait en plusieurs langues toutes sortes de livres, de préférence les classiques et les grands textes de l'Histoire. Elle était un peu folle. Lorsqu'elle m'avait engagée, elle avait commencé à s'intéresser au spiritisme et aux expériences occultes les plus diverses. Elle me traitait avec une amabilité distante, due, peut-être, à ce qu'elle soupçonnait mes origines latino-américaines, et au fait qu'elle ne voyait presque personne. Elle vivait seule dans une immense villa en dehors de la ville. Une fois par semaine, un jardinier s'occupait du parc qui entourait la maison, et dont l'état de désolation et de ruine inspirait une grande tristesse. La vieille cuisinière, sourde comme un pot, avait à charge de préparer chaque jour deux repas, d'où l'imagination et le goût le plus élémentaire étaient également absents. La princesse s'était cassé la jambe en descendant le grand escalier, et elle avait passé une annonce dans le journal pour demander une dame de compagnie. Je suis allée la voir et elle m'a engagée. Lorsqu'elle a pu de nouveau marcher, elle m'a demandé de rester auprès d'elle.

« – Je me suis habituée à vous. Si vous partez, votre présence me manquera, m'a-t-elle dit avec ce mélange d'insolente distraction aristocratique et de brusquerie bien propre aux personnes seules qui ne savent pas comment traiter les autres.

« J'ai décidé de rester bien qu'elle me payât avec une irrégularité telle que je n'ai jamais su, en fait, à combien se montaient mes honoraires ni à quel moment elle devait me les remettre. J'ai pris goût à la lecture à force de lire à haute voix pour la princesse, le soir, dans sa chambre. Bien souvent l'aube me surprenait lisant encore. Nous dormions alors toute la matinée. Après le déjeuner, nous faisions une promenade dans le parc. Elle me racontait les vieilles légendes de sa maison. Les histoires d'amour compliquées des hommes de sa famille dont la réputation, en Sicile, était encore vivante et faisait l'objet de rumeurs populaires d'une crudité quelque peu rustique. La princesse de la Vega y Hoyos fut trouvée morte un matin dans son lit. Elle avait eu un arrêt du cœur foudroyant. L'acte de décès révéla qu'elle avait quatre-vingt-quatorze ans. Je n'aurais jamais cru qu'elle fût si âgée. Le notaire chargé de liquider les affaires de la vieille dame me remit une somme d'argent que la princesse m'avait assignée dans son testament. C'était, de toute façon, très inférieur à ce que j'avais calculé qu'elle me devait, mais elle m'avait embrouillée à tel point, par les dates et les paiements partiels, que mes propres comptes n'étaient pas très justes non plus. Le notaire me dit que je pourrais rester dans la maison le temps de prendre une décision sur ce que j'allais faire. Je n'ai pas voulu accepter. Sans la présence de la princesse, le délabrement et le désarroi de la villa m'étouffaient terriblement. Je suis allée au port voir s'il y avait un bateau en partance, pour n'importe où. Le *Lepanto* était là. J'ai rencontré le capitaine, un Gaditain beau parleur et grossier avec qui, au bout d'une discussion laborieuse, j'ai fini par convenir d'un prix pour le voyage. Il m'a aménagé un coin de la cale où l'on a mis un lit d'appoint. Il s'est excusé en me disant qu'ils réparaient la seule cabine disponible afin de l'installer en bureau pour je ne sais quel fonctionnaire d'une compagnie de navigation, copropriétaire du bateau. Le *Lepanto* devait avoir connu des jours meilleurs. Lorsque je suis montée à bord, il menaçait déjà de couler à pic au premier grain qui le surprendrait en haute mer. Mais cette fragilité était trompeuse car je l'ai vu par la suite affronter sans aucun dommage les tempêtes du golfe du Lion. Le Gaditain m'avait dit que nous irions d'abord à Gênes et, de là, à Majorque où je débarquerais. Je lui ai donné mon accord et je suis allée chercher à la villa les quelques affaires que j'avais déjà empaquetées. Lorsque je me suis installée sur le lit de fortune de la cale du *Lepanto,* je ne pouvais deviner que j'y vivrais encore aujourd'hui. Quand on a besoin de moi, je demande qu'on me laisse des messages au bar. J'y passe tous les jours. Je ne veux pas qu'on vienne me voir sur le bateau, ni même que l'on tente d'entrer en contact avec moi là-bas. Je ne veux pas attirer l'attention et j'essaie le plus possible de passer inaperçue. Très peu de gens savent que cette épave marine est habitée. Les gens croient, en apercevant de temps en temps de la lumière, qu'un couple vient y chercher refuge pour faire l'amour. S'ils savaient la vérité, la surprise changerait le cours de leur vie.

Larissa une fois partie, nous demeurâmes silencieux, assimilant, examinant non seulement la face de l'histoire qu'elle venait de nous révéler mais tout ce que nous devinions derrière ses derniers mots. Ceux-ci nous avaient laissé une impression vague de malaise qui, avec la nuit, et parmi les ombres végétales du jardin abandonné, grandit peu à peu au point de devenir presque insupportable.

– Allons prendre un verre quelque part, proposai-je à Ilona. On ne peut pas rester comme ça.

Nous fîmes la tournée des endroits que nous avions fréquentés à l'époque de notre séjour au Sans-Souci. Les serveuses et les barmen nous reçurent avec une cordialité mêlée de surprise. Nous rentrâmes ivres d'alcool et de sommeil sans être parvenus à éloigner la sombre inquiétude que nous avaient communiquée les paroles de Larissa. Les jours suivants, nous poursuivîmes nos démarches en vue de liquider l'affaire. Bashur nous confirma qu'il avait bien reçu l'argent que nous lui avions envoyé. Ses mots exprimaient un mélange de soulagement et de gratitude. De cette gratitude qui, chez les hommes de sa race, possède l'intensité et la profondeur d'un acte religieux. Il était sorti de toutes ses difficultés, et appareillait un bateau pour transporter des produits chimiques et des colorants. Il se pourrait bien, nous annonçait-il avec une joie manifeste, que nous nous retrouvions à Panama. Il enverrait des nouvelles à ce sujet lorsque les chantiers d'Anvers auraient fini de réparer le bateau. Il en avait choisi le nom : *Fairy of Trieste.*

– Ces Levantins ne changeront jamais, dit Ilona, occultant la tendresse qu'éveillait en elle le geste d'Abdul. Lorsqu'ils sortent des Mille et Une Nuits, ils consacrent leur vie à poser des bombes et à se battre dans la montagne. Je ne t'imagine pas baptiser ainsi un bateau à toi, Maqroll.

Je lui répondis que, tout d'abord, il était hautement improbable que je possède un bateau, et qu'ensuite c'était son rôle à elle et non le mien de donner un nom aux choses et aux gens. Restait le problème de Longinos. Il s'était tellement habitué à nous, et surtout à Ilona, que nous savions combien la nouvelle de notre départ lui ferait mal.

– Je me charge de lui parler, promit Ilona. Toi, tu serais capable de l'emmener et il n'en est pas question.

Comme toujours, elle avait raison.

Un soir, quelques semaines seulement après la conversation avec Larissa, celle-ci vint à un rendez-vous avec un de ses clients. C'était le gérant d'un consortium de banques scandinaves ayant une succursale à Panama. Un Viking gigantesque et doux, qui saluait très cérémonieusement et semblait sur le point de s'endormir à tout moment. En partant, il envoya Longinos me chercher. Il voulait m'entretenir d'un problème personnel. Je descendis au salon. Le Norvégien resta debout, son chapeau de paille à la main, et se borna à me dire :

– Je crois que notre amie n'est pas bien.

Ce n'est pas une affaire de médecin, c'est autre chose. Pourquoi ne parlez-vous pas un peu avec elle. Je suis sûr que vous pourriez l'aider.

Ce fut tout. Il nous quitta comme hypnotisé. La nuit des Tropiques l'avala aussitôt, dans le brouhaha des grillons et le chant élémentaire et syncopé des grands crapauds cachés dans l'herbe.

Ce même soir, Larissa nous raconta la suite de son histoire. Tout comme lorsque je l'avais écoutée pour la première fois, ce territoire torturé et enténébré que je sentais à l'affût derrière sa présence, ses mots, ses moindres gestes, me perturba de plus en plus à mesure que son témoignage prenait corps. Mais ce soir-là, un nouvel élément vint s'ajouter, qui m'inquiéta beaucoup et dont je ne sus que penser : je m'aperçus qu'Ilona était, plus que je ne l'avais cru, prise dans les sinistres filets que lui tendait Larissa. Qu'elle respirait, avec un naturel alarmant, l'atmosphère qui se dégageait, tel un halo létal, de la présence de cette femme arrivée à la Villa Rosa comme un héraut de Hadès. C'est pour cette raison que je crois nécessaire de transcrire en détails sa troublante histoire. Lorsque je rapportai à Ilona la préoccupation du Scandinave qui venait de passer un moment avec Larissa, elle la fit appeler. Nous étions sur la terrasse, profitant de la brise légère du soir qui, tout en rafraîchissant l'atmosphère, avait nettoyé le ciel jusqu'au firmament, nous donnant l'impression que cette vaste coupole scintillante, animée d'une activité sans répit, était à portée de mains. Larissa s'écroula sur une chaise longue, la première qui se présenta, et demeura un bon moment silencieuse. Son visage montrait des signes d'épuisement extrême. Son corps avait une attitude d'immobilité défaillante, comme si un dernier souffle de vie était en train de s'en échapper. Lorsqu'elle se mit à parler, nous fûmes intrigués par la fermeté rauque de sa voix qui dénonçait une énergie intense et secrète, une énergie née en un lieu plus lointain, intouché et inconcevable, que cette présence physique sur le point de s'éteindre.

–Je dois vous raconter les choses depuis le début, dit-elle. Le *Lepanto* a quitté Palerme deux jours après la date annoncée par le Gaditain. Il attendait je ne sais quels papiers de Palma de Majorque, sans lesquels il ne pouvait lever l'ancre. Comme je ne voulais pas retourner à la propriété et que mes bagages étaient déjà sur le bateau, j'ai préféré y demeurer. La première nuit j'ai dormi profondément, en dépit de l'odeur de sentine qui régnait dans la cale. Pendant la journée, je suis allée sur le port acheter quelques objets personnels indispensables. Je devais partager la salle d'eau avec le patron mais celui-ci ne s'en servait plus depuis longtemps. Il n'y avait ni serviettes ni savon dans ce réduit qui prétendait servir de cabinet de toilette. J'ai fait également quelques provisions pour compléter la nourriture du bord qui ne s'annonçait guère appétissante. Je suis rentrée dans la soirée. Le capitaine a essayé d'entamer un dialogue dans une intention bien évidente. J'ai pensé que c'était le moment de l'inviter une fois pour toutes à oublier toute tentative de ce genre, et à considérer qu'il était absolument inutile d'insister. Il a compris, n'a opposé aucun argument, et nous avons parlé d'autre chose. Je lui ai demandé de me prêter une lampe pour m'éclairer pendant la nuit. Il m'a expliqué qu'au fond de la cale il y avait un interrupteur qui commandait une ampoule électrique que je n'avais probablement pas vue, car elle était cachée par une poutrelle en acier placée au-dessus du lit. Lorsque je suis descendue me coucher, je me suis rendu compte que je devais traverser toute l'étendue de la cale pour éteindre la lumière. Je suis remontée et, sans attendre ma requête, le patron m'a donné une lampe de poche. Il me l'a tendue d'un geste impersonnel et peu aimable qui m'a fait comprendre qu'il n'avait pas apprécié mon refus à ses avances. Mais c'était mieux comme ça et je n'ai pas fait cas de sa mauvaise humeur. Je me suis endormie presque tout de suite en oubliant d'éteindre la lumière. Je m'étais déjà habituée à l'odeur de l'endroit, et le doux balancement du bateau amarré au quai m'a aidée à trouver un sommeil profond, réparateur. Soudain, une présence qui s'interposait entre la lumière et mon lit m'a réveillée. A moitié endormie, j'ai cru que c'était le Gaditain qui tentait de poursuivre ses assiduités. La silhouette s'est approchée lentement et s'est assise au pied du lit. Ce que j'ai vu m'a réveillée tout à fait et plongée dans un étonnement sans bornes. Un officier des chevau-légers de la garde impériale napoléonienne me regardait fixement. Ses yeux, d'un gris acier, perçaient sous l'arc de ses sourcils grisonnants, soulignés par une grande moustache blonde aux pointes soigneusement relevées, et par deux tresses sortant de son shako à galons dorés, marqué à l'insigne de son régiment. Les mains fortes, nerveuses, soignées, reposaient sur les genoux du robuste cavalier, donnant à sa présence un air de familiarité naturelle.

« – N'ayez pas peur, me dit-il en français, avec l'accent de Reims et d'une voix haute et bien timbrée, caractéristique des militaires habitués à donner des ordres en plein air, je veux seulement bavarder un moment avec vous. Pardonnez-moi de vous avoir réveillée, mais je reste parfois très longtemps sans parler à personne et votre présence inespérée en ces lieux est une occasion très agréable pour moi.

« Je ne me rappelle pas ce que je lui ai répondu mais il se dégageait de sa personne un désir de compagnie à ce point spontané et affable qu'au bout de quelques minutes nous parlions comme si nous nous connaissions depuis longtemps. Après avoir tenté de me rassurer, il s'est présenté avec une grande courtoisie. Il s'appelait Laurent Drouet d'Erlon. Il était colonel des chevau-légers de la Garde, cousin du général comte Jean-Baptiste Drouet d'Erlon, un proche de l'Empereur. Il accomplissait une mission dont l'avait chargé le comte et sur laquelle il ne pouvait donner de détails. Il allait à Gênes. Il espérait y trouver certaines nouvelles de l'île d'Elbe où, comme je devais le savoir, Napoléon était en captivité sur l'ordre des puissances alliées. De là il poursuivrait sa route jusqu'à Majorque. Ici, il faut que je précise quelque chose qui n'est pas facile à comprendre et qui ne le fut pas davantage pour moi : l'impossibilité logique d'être en train de parler à un soldat de l'Empire, vivant dans un présent qui, pour moi, était un passé datant de presque un siècle et demi. Bien que ce fût, pour mon esprit, une aberration inexplicable, la conversation se déroula avec une fluidité et une logique qui, dès lors que l'homme eut commencé à parler, m'apparurent irréfutables. Autrement dit, rien en moi ne s'est effrayé ni ne s'est opposé à cet événement impossible, qui cessait de l'être à cause de la chaleur et de l'évidente plénitude irradiées par cet être, surgi d'un passé que sa seule présence métamorphosait pour moi en un présent absolu. Une fois que je l'eus compris et accepté, tout se déroula selon une normalité irrécusable, et c'est dans ce consentement que réside le secret de tout ce qui m'est arrivé depuis le moment où j'ai embarqué sur le *Lepanto.*

« Nous avons parlé toute la nuit. Ou plutôt, il a parlé, et je ne l'ai interrompu que pour le prier de préciser des dates, pour confirmer ma compréhension de lieux ou d'événements que je connaissais grâce à mes longues journées de lecture chez la princesse. Il serait inutile de tenter de reconstruire par le menu la vie de quelqu'un comme Laurent, avec qui j'ai vécu si longtemps. On ne revient jamais sur des circonstances qui, une fois évoquées, font partie de la vie en commun et deviennent tacitement connues. Cette première nuit, il a conservé une courtoisie formelle mais cordiale qui a rendu le dialogue plus facile et nous a placés, tous les deux, dans la situation de deux compagnons de voyage qui s'entendent bien, et pour qui cette rencontre est un heureux concours de circonstances venant remédier à l'ennui de toute traversée en mer. Aux premiers bruits sur le pont, annonciateurs de l'aube, le colonel s'est levé et m'a dit au revoir avec un baisemain plus amical que séducteur. Il s'est dirigé vers le fond de la cale et a éteint la lumière, me laissant dans la pénombre de l'aube. Je suis restée longtemps étendue sur le lit en essayant, inutilement bien sûr, de concilier ce qui venait de m'arriver avec la réalité qui m'attendait. J'ai eu la certitude qu'en moi quelque chose avait changé pour toujours. Je craignais de monter sur le pont et de vivre ma dernière journée à Palerme avec le souvenir, vécu et présent, d'une expérience inconcevable. Enfin, j'ai pris la décision de sortir. Le Gaditain m'a regardée, soupçonneux et méfiant.

« – Je croyais que vous étiez malade, m'a-t-il dit, et que vous alliez passer toute la journée enfermée en bas. Nous allons manger. Voulez-vous m'accompagner ou préférez-vous descendre à terre et déjeuner sur le port?

« Je lui ai répondu que j'optais pour la seconde proposition parce que j'avais besoin de me dégourdir un peu et que je n'avais pas encore très faim. Si nous n'étions pas restés en termes très amicaux, chacun savait du moins à quoi s'en tenir. Le voyage en serait d'ailleurs plus supportable. Le lendemain matin, nous devions lever l'ancre pour Majorque. J'ai déjeuné dans une taverne du port puis j'ai visité les endroits de la ville qui m'avaient plu et me rappelaient d'agréables souvenirs. Dans la soirée, je suis retournée au *Lepanto*. Je suis restée sur le pont jusqu'à l'heure du dîner. Le trafic du port me distrayait jusqu'à l'hébétude et me donnait la sensation d'être hors du temps. Nous avons dîné seuls, le patron et moi. Nous n'avons échangé que quelques mots. Je suis très vite descendue et je me suis couchée sans plus attendre. Vers minuit, j'ai senti que quelqu'un allumait l'interrupteur au fond de la cale et s'approchait de mon lit. En fait, j'attendais mon visiteur de la veille. C'était lui, en effet. Il s'est assis à côté de moi et, oubliant le ton courtois et pondéré qu'il avait eu jusqu'alors, il s'est lancé dans une longue et fébrile déclaration d'amour, d'une ardeur que je n'avais jamais connue. Ses mains ont commencé à parcourir mon corps avec des caresses de plus en plus intimes et désordonnées. Nous avons fini par faire l'amour, lui à moitié dévêtu, moi complètement nue. Il le faisait en assauts successifs, rapides, et d'une intensité qui me communiquait un état de plénitude béate et m'ôtaient à chaque fois un peu plus de force. Enfin, nous nous sommes glissés sous les couvertures de grosse laine auxquelles étaient encore accrochés des débris de chardons et des petites épines qui nous écorchaient légèrement la peau. Il m'a raconté beaucoup de choses de sa vie. Il avait été fait prisonnier à deux reprises par les

Russes. La première, après la bataille d'Austerlitz, et la seconde en traversant la Bérézina lors de la retraite de Moscou. Les deux fois il avait été envoyé en Crimée. La première, il y était resté deux ans, mettant à profit la tiédeur du climat et l'hospitalité accueillante des Géorgiens. La seconde, il était avec le duc de Richelieu, lequel servait le tsar Alexandre Ier comme gouverneur de la région. A Odessa et à Tbilissi, les Circassiennes qui lui accordaient facilement leurs faveurs l'initièrent à ce rythme particulier et délicieux de l'amour qui provoquait chez la femme une sorte de sujétion semblable à celle de l'opium ou au délire des mystiques. Lorsque les machines se sont mises à ronfler, annonçant le départ du *Lepanto,* le colonel m'a quittée avec un long et ardent baiser et, s'habillant à la hâte, il s'est de nouveau évanoui dans la pénombre tremblante de l'aube. Un profond sommeil, qui s'est prolongé audelà de midi, m'a remise de cette nuit agitée et heureuse. Lorsque je me suis réveillée, nous étions en haute mer. Le bateau donnait de brusques coups de roulis, luttant contre la houle soulevée par la tramontane. La nuit suivante, l'épisode érotique s'est répété sans grandes variantes, n'étaient les longs silences de Laurent qui semblait concentrer toute son attention et son énergie à jouir de mon corps comme d'une fête qui lui serait longtemps refusée. Avant de nous séparer, il m'a dit qu'il n'était pas sûr de revenir avant plusieurs jours, mais il me promettait que nous nous reverrions à l'approche de notre première escale. En effet, la nuit suivante j'ai attendu le cœur palpitant et anxieux, et au matin je me suis enfoncée dans un sommeil peuplé de visions où le désir inventait les plus absurdes expédients pour interrompre sa réalisation.

« La vie à bord se déroulait selon la routine monotone qu'impose un voyage sur un petit bateau comme le *Lepanto,* où les relations avec les compagnons de route se limitent à un insipide dialogue à table ou au commentaire de quelque banal incident de navigation. En outre, je vivais imprégnée du souvenir des heures passées avec Laurent. Ma peau semblait conserver avec une fidélité surnaturelle la chaleur de sa présence. Deux autres nuits s'écoulèrent mais la troisième me réserva une nouvelle surprise. Je tentais de trouver le sommeil et de fuir la lumière de l'ampoule en me protégeant avec la couverture lorsque quelqu'un s'est de nouveau interposé entre la lumière et mon lit. J'ai cru que c'était mon ami. J'ai découvert mon visage, anxieuse de le revoir, mais je me suis retrouvée face à une personne que je n'ai pu au premier abord identifier. Puis je me suis aperçue qu'il ressemblait à certains portraits que j'avais vus accrochés dans la bibliothèque de la princesse. C'était un homme grand, mince, aux mains fuselées, diaphanes, au visage émacié, d'une pâleur à la fois aristocratique et ascétique. Ses yeux, d'un noir intense et aux longs cils presque féminins, brillaient d'un éclat intelligent, contenu et cérémonieux. Il était vêtu d'une tunique de drap noir qui lui tombait jusqu'aux pieds, rehaussée par deux notes de couleur d'une élégance irréprochable : le boutonnage, qui allait du col à la ceinture, était d'un pourpre intense avec un liséré d'argent brillant ; le col et les bords inférieurs de l'habit étaient gansés de deux filets d'argent entre lesquels s'insérait un ruban vert clair. Un bonnet haut et rigide, de velours pourpre lui aussi, surmontait de longs cheveux noir de jais aux reflets bleus, coiffés avec un soin d'où n'était pas exempte la coquetterie. Une chaîne en or brillait sur sa poitrine d'où pendait, ciselé dans le même métal, un lion tenant entre ses griffes de devant un livre ouvert où était écrit : *Pax tibi Marce Evangelista Meus.* Les mains dissimulées dans les longues manches de la veste, il m'observait fixement comme s'il tentait de me reconnaître. Soudain il m'a adressé la parole dans un italien raffiné et impeccable qui montrait avec évidence l'intention d'éviter tout accent ou vocable trahissant une région particulière. Il avait une voix de basse profonde dont la sérénité chaleureuse dévoilait une longue éducation courtisane. Après s'être excusé pour son irruption soudaine, il s'est présenté sous le nom de Giovanni Battista Zagni, rapporteur devant le secrétariat à la justice du Grand Conseil de la Sérénissime République de Venise. Il se rendait à Majorque pour recevoir le paiement de certaines redevances que la banque Mut devait payer pour l'utilisation sur la côte dalmate de plusieurs ports de la République. Je l'ai invité à s'asseoir au pied de mon lit. Sa grande taille m'impressionnait. Je préférais le tenir à la même hauteur que moi afin de pouvoir entamer avec lui un dialogue plus naturel et plus serein. Il a accepté avec un sourire découvrant une dentition impeccable, qui le rajeunissait considérablement. Une fois de plus s'établit cette atmosphère d'absolue familiarité que j'avais ressentie lorsque m'était apparu le colonel Drouet d'Erlon. Et je parvenais à nouveau à concilier, sans effort et sans la moindre contrainte, le présent que je vivais avec le passé d'où surgissait mon visiteur inopiné. Avec Zagni, les choses sont allées plus vite. Après une heure passée à me raconter quelques incidents de sa vie, de banales rumeurs ou de savoureux scandales dont se nourrissait l'hermétique société vénitienne, il a posé les mains sur mes genoux puis les a fait monter le long de mes cuisses avec la lenteur rythmée de qui a consacré une grande part de son temps à faire la cour à de coquettes et intrigantes compatriotes. Il agissait avec la certitude avisée de qui ne connaît pas de refus à ses galanteries et à ses entreprises érotiques. Il a déboutonné sa tunique avec une lenteur toute naturelle et, ôtant ses sous-vêtements de fine batiste, il s'est glissé près de moi sous les couvertures, avec des mouvements qui me rappelaient ces cérémonies religieuses où les officiants semblent à peine se déplacer, mais où chaque geste répond à une intention savamment calculée. Nous avons fait l'amour dans le parfum intense, capiteux et floral qu'exhalait le fonctionnaire de la Sérénissime République, probablement acheté chez l'un des petits marchands du Rialto qui vendent des essences d'Orient. Avant que n'apparaissent les premières lueurs de l'aube, Zagni s'est habillé avec les mêmes gestes mesurés et, d'un baiser sur le front, il m'a dit adieu tout en m'annonçant sa visite pour la nuit suivante. Il m'a précisé qu'en arrivant à terre il se verrait obligé de s'absenter, et qu'il ne reviendrait que lorsque nous serions de nouveau en haute mer.

« Comme j'aurais dû m'en douter, le capitaine du *Lepanto* s'était bien gardé de me dire que le voyage comporterait plusieurs escales. Étant donné l'état du navire, les machines avaient besoin de réparations fréquentes pour poursuivre la route. Ainsi nous avons dû faire halte à Salerne, puis rester deux jours à Livourne et, à Gênes, attendre toute une semaine l'arrivée d'une pièce de rechange pour l'axe de l'hélice. Après Gênes, nous avons fait escale à Nice et, de là, nous nous sommes dirigés vers Majorque, au milieu d'une tempête qui secouait le bateau de telle sorte qu'il semblait à chaque instant sur le point de couler à pic. Mes visiteurs nocturnes établirent, durant le voyage, la routine de leurs apparitions. Laurent, à la veille de notre arrivée dans chaque port, durant nos escales et la nuit suivant le départ. Zagni, pendant tout le temps que durait la traversée en mer. Mes liens avec chacun d'eux devinrent de plus en plus personnels et étroits. Le colonel de l'Empire me racontait ses campagnes en Allemagne avec Junot, ses deux longs séjours comme prisonnier des Russes dans le Caucase et sa complicité dans une conjuration destinée à organiser le retour de l'Empereur exilé à l'île d'Elbe, à laquelle son cousin le comte Drouet d'Erlon avait pris une part active. J'ai fini par m'émouvoir de sa façon de faire l'amour au point d'attendre avec anxiété notre arrivée dans les ports. La relation avec Zagni tenait du cérémoniel religieux une sorte d'aura byzantine, une magnificence dorée qui me plongeait dans un état de rêverie, dans un lent délire entretenu par les savantes caresses du secrétaire du Conseil des Dix. Avec lui, j'attendais l'arrivée de la nuit comme on se prépare pour une fête où le mystère et le secret tempèrent toute manifestation de joie inopportune. Zagni ne me parla jamais de sa vie privée. Il évitait soigneusement la moindre allusion à ses responsabilités, à sa vie quotidienne et familiale à Venise et, évidemment, il ne mentionna jamais le nom de ses parents, ni celui de ses proches ou de simples relations qu'il pouvait avoir dans la Sérénissime République. Toutefois, ces précautions évidentes et rigoureuses n'interféraient en rien dans sa manière chaleureuse et délicate de conduire sa liaison avec moi. Il me rendait complice d'une entreprise indéterminée et subtile, dont j'ignorais les détails et les rouages et qui ne m'intéressait pas outre mesure car toute mon attention et mes sens étaient consacrés à la savante théorie de ses caresses. M'étendre sur les incidents du voyage, sur la richesse complexe de cette expérience sensuelle, sur les fastueuses incursions dans un passé vécu comme un présent irréfutable, prendrait beaucoup d'heures, beaucoup de jours. En outre, il ne m'est pas facile de parler longtemps de tout ceci. A l'évoquer devant des tiers, quelle que soit la sympathie que j'éprouve à leur endroit, leur présence, leur curiosité et leur attention transforment cette histoire en un cauchemar irréel et insupportable. Je préfère, pour terminer, vous raconter rapidement comment le *Lepanto* a fini par s'échouer sur cette côte et pourquoi je continue de l'habiter. Lorsque nous sommes arrivés à Majorque, le Gaditain a consacré son temps à effectuer une série de réparations essentielles. Il m'a expliqué qu'il voulait conduire le bateau jusque dans les Caraïbes pour en faire un bâtiment de cabotage reliant les côtes de l'Amérique centrale et les îles. Il m'a dit que je pouvais rester à bord en attendant de savoir ce que j'allais faire de ma vie, ici, à Gênes ou en Europe. Il a suggéré aussi que je pourrais me rendre avec lui jusqu'aux Antilles. Il ne me ferait pas payer le voyage et je pourrais peut-être, là-bas, trouver un moyen de gagner ma vie. Il m'a fait cette proposition avec une grande prudence, laissant clairement entendre qu'elle ne renfermait aucune intention. Ce serait, m'a-t-il expliqué, pour lui tenir compagnie pendant le voyage et prolonger une relation qui lui était très agréable. Il admirait mon indépendance et respectait ma manière très particulière et fort peu habituelle de courir le monde. Je lui ai répondu que je lui donnerais ma réponse dans quelques jours car je voulais réfléchir. Un sourire de complicité est passé sur le visage olivâtre et madré du capitaine. J'ai cru un instant qu'il était au courant de mes nuits dans la cale. Curieusement, ce soupçon ne me causa aucune inquiétude. Le Gaditain faisait, d'une certaine façon, partie de l'histoire, en était une donnée substantielle, bien que mes amants nocturnes n'eussent jamais mentionné le bateau ni son propriétaire, non plus que la traversée et les incidents dont celle-ci était marquée.

« Cette même nuit, au petit matin, avant de s'en aller, Laurent m'a dit quelque chose qui a décidé de mon destin :

« – Reste sur le bateau, Larissa. Ne nous abandonne pas. Il est possible qu'à mesure que nous nous éloignerons de ces parages nos visites se fassent moins fréquentes. Mais nous reviendrons toujours et par toi seulement nous continuerons d'exister.

« J'ai voulu lui poser une question qui me brûlait les lèvres à propos du pluriel qu'il avait employé et qui laissait supposer qu'il connaissait l'existence du Vénitien. Je n'avais fait allusion à l'autre devant aucun des deux. Le colonel s'est contenté de porter l'index à ses lèvres qui souriaient affectueusement, comme qui veut faire taire un enfant pour l'endormir. Je ne verrais Zagni qu'après que nous serions partis de Majorque. J'ai compris à cet instant que je n'avais pas de question à poser à Laurent. Ses mots avaient répondu d'une façon qui ne laissait aucune place à d'autres éclaircissements. C'est ainsi que le jour suivant j'ai signifié au Gaditain ma décision de tenter ma chance dans les Caraïbes et que j'acceptais sa proposition.

« – J'en suis très heureux, m'a-t-il répondu avec le plus grand sérieux et sans aucun signe de complicité. Vous nous auriez beaucoup manqué à bord. Nous nous sommes habitués à votre présence. Vous faites partie du *Lepanto* et nous ne pouvons l'imaginer sans vous.

« De nouveau ce pluriel qui, dans son cas, pouvait simplement inclure les membres d'équipage et le bateau lui-même, auquel il faisait allusion comme à un vieux compagnon. J'ai éprouvé, cependant, une légère inquiétude difficile à préciser et qui, je le découvrais en cet instant, m'avait accompagnée depuis le moment où j'avais posé le pied sur le *Lepanto.* Après avoir levé l'ancre, nous avons essuyé du mauvais temps pendant les premiers jours. Quand nous avons longé la côte de Malaga, le calme est revenu et le bateau a cessé de donner ces coups de roulis qui menaçaient de le faire sombrer à tout moment. Un soir, alors que l'on n'apercevait plus les lumières de la côte, Zagni est apparu. Avant d'entreprendre le rituel de sa luxure muette, intense et sacramentelle, il m'a dit, sur un ton formel, de toute évidence sincère et réfléchi :

« – Je vois avec un immense plaisir que vous avez décidé de nous accompagner dans cette aventure vers les Indes. C'était la seule chance qui me restât de continuer à être de ce monde. Je ne reviendrai peut-être pas avec la même fréquence, mais nous nous retrouverons de temps en temps. La gratitude, lorsqu'elle est à ce point absolue, ne s'exprime pas avec des mots.

« Il a commencé à me caresser avec l'ardeur contenue de qui revient à la vie.

« Après que nous eûmes traversé le détroit de Gibraltar et à mesure que nous nous éloignions de la Méditerranée, les visites de mes deux amants s'espacèrent. Mais ce qui m'intriguait le plus et me plongeait dans une anxiété sourde était le changement, au début à peine perceptible, de leur comportement. Un changement dont il m'est impossible de préciser la nature. Leurs gestes restaient les mêmes et leurs caresses identiques, mais ils devenaient chaque fois plus absents du rituel amoureux auquel, non seulement je m'étais habituée, mais que je ne pouvais imaginer perdre sans perdre la vie même. Laurent et

Zagni se faisaient, l'un comme l'autre, de plus en plus avares en paroles. Celles-ci perdaient leur densité et peu à peu leur sens. Ils ne paraissaient plus s'adresser à moi en particulier mais à une créature indécise, à peine liée à eux au travers de ces rencontres amoureuses, lesquelles, sans perdre leur rythme, ne me communiquaient plus l'indispensable certitude que j'étais leur seule et unique objet. Lorsque nous sommes passés au large de la Floride et que nous sommes entrés dans la mer des Caraïbes, j'ai attendu en vain la visite de mes amis. Au départ de Kingston, où nous avons dû demeurer plusieurs jours pour colmater les voies d'eau qui s'aggravaient et menaçaient le *Lepanto,* on annonça la proximité d'un cyclone. Cette nuit-là, Zagni vint me trouver. En mots à peine intelligibles il m'a expliqué, avec beaucoup de mystère, qu'il ne croyait pas pouvoir vivre encore longtemps. Les forces lui manquaient pour affronter les épreuves qui approchaient. Ce fut la seule fois où il mentionna, en toutes lettres, le nom de Laurent :

« – Le colonel Drouet d'Erlon n'est plus parmi nous. J'ai réussi à résister plus longtemps que lui, peut-être parce que ceux qui sont nés dans la lagune possèdent certaines qualités d'endurance à ces climats.

« Il a caressé mes seins avec la tristesse de qui ne sentira plus jamais la chaleur d'un corps de femme qui se donne, comme un bonheur compensatoire à la douleur d'être vivant. Il s'est retiré immédiatement, avec une hâte maladroite que je ne lui avais jamais connue. Le lendemain matin, le cyclone s'est abattu avec une force destructrice, une furie incontrôlable et sans trêve qui nous a précipités devant Cristobal. Le *Lepanto* était sur le point de sombrer et ses machines se trouvaient complètement hors d'usage. Le Gaditain et son maigre équipage sont descendus à terre. Je suis restée sur mon lit, dans les demi-ténèbres de la cale, incapable de bouger, le corps meurtri et couvert d'ecchymoses après toutes ces journées de sarabande furieuse et implacable. Le jour suivant, le bateau fut remorqué jusqu'à Panama. Le patron avait vendu le *Lepanto* à la ferraille. Dans l'attente de son destin final, le bateau est resté dans la rade devant l'avenue Balboa. Le Gaditain n'est jamais revenu. Je suis descendue à terre afin d'obtenir des papiers en règle auprès des bureaux de l'immigration. En retournant sur le *Lepanto,* je me suis installée dans la cabine de son propriétaire. Je suis sûre que le Gaditain a cru que j'avais débarqué à Cristobal sans lui dire adieu. Quelques semaines plus tard, une autre tempête a jeté l'épave sur la grève pleine d'ordures où elle est toujours. Je ne pouvais pas abandonner le bateau. Je conservais, contre toute probabilité, l'espérance de recevoir la visite de mes amis. Au moins celle du Vénitien. Je pensais longuement à eux, reconstruisant les heures que nous avions vécues ensemble, l'histoire de leur vie, la chaleur de leurs caresses et leur complicité amoureuse. Lorsque j'eus épuisé l'argent que j'avais apporté de Palerme, Alex m'a parlé de la Villa Rosa et je suis entrée en contact avec la Vénézuélienne. C'est ainsi que je suis arrivée jusqu'à vous.

Ilona avait écouté l'histoire de Larissa avec une concentration intense. A aucun moment elle n'avait tenté de l'interrompre, et je fus extrêmement intrigué en constatant que son visage n'avait montré aucun signe de doute ou d'étonnement devant l'aberrante improbabilité des événements relatés par Larissa. Celle-ci nous quitta sans attendre de notre part ni commentaires ni questions. Comme si le récit d'une expérience aussi insupportable eût suffi à réprimer toute curiosité, tout intérêt pour sa personne. Nous demeurâmes longtemps sans trouver quoi dire, jusqu'à ce qu'Ilona déclare, d'une voix qui me parut étrangère, comme venant de quelqu'un qui se réveille d'un cauchemar accablant :

– Pauvre femme. Comme il a dû lui en coûter de s'entendre avec chaque client, et quelles tortures après chaque rendez-vous! Le plus grave est qu'il n'y a aucun moyen de l'aider. C'est comme si elle vivait dans un autre monde, où nos paroles ne parviennent pas. D'ailleurs, elle ne pourrait pas les comprendre, parce qu'elles appartiennent à une langue qui lui est inconnue. Chacun de nous œuvre à son petit enfer personnel, mais elle, en outre, se sera chargée de celui d'hommes qui ne comptaient même plus parmi les vivants. Le mauvais sort est tombé sur elle.

Nous décidâmes de hâter notre départ. L'histoire de Larissa nous avait plongés dans un malaise indéfinissable que nous ne parvenions pas à dissiper. Longinos nous fit connaître son désir de conserver l'affaire. Il se passerait de la comédie des hôtesses de l'air, qui s'était, à dire vrai, effilochée. Il en parla à doña Rosa qui donna son accord pour transférer le contrat à son nom. Elle aussi éprouvait une sympathie manifeste pour le discret et intelligent jeune homme de Chiriqui, avec qui elle avait souvent de longues conversations sur la direction et la vie de la maison, pour lesquelles Longinos montrait plus de vocation et de talent que nous. La part qui lui revenait dans la répartition de nos bénéfices lui permettrait de poursuivre avec succès une entreprise dont il tenait les rênes depuis longtemps, et nous libérerait d'une affaire qui nous était devenue intolérable. La monotonie de cette routine était étrangère à notre principe du déplacement perpétuel, à notre refus de tout ce qui pouvait entraîner un compromis durable, un séjour forcé en n'importe quel lieu de la terre.

Tandis que nous poursuivions nos préparatifs pour quitter Panama et laisser Longinos bien établi à la Villa Rosa, mon inquiétude allait croissant, causée par la façon dont la présence, puis le récit de Larissa avaient agi sur Ilona. Les symptômes n'étaient pas très évidents mais pour quelqu'un qui, comme moi, la connaissait bien et avait vécu de longues périodes avec elle, le changement ne pouvait passer inaperçu. Lui en parler eût été inutile et assez inopportun. Ilona préservait jalousement son indépendance, elle ne faisait ses confidences qu'avec un soin très intelligent et très personnel aux êtres qu'elle aimait, envers lesquels elle éprouvait une amitié fondée sur une confiance absolue et sur un respect des limites aussi strict qu'équitable. Je savais que le moment venu, elle s'ouvrirait à moi. En effet. Quelques semaines après avoir écouté l'histoire de Larissa, nous reçûmes une lettre d'Abdul Bashur postée de La Rochelle. Il nous racontait que l'affaire du *Fairy of Trieste* prospérait sensiblement. Il avait fondé une société avec deux commerçants syriens qu'il avait connus dans sa jeunesse. Le prochain voyage devait le mener à Vancouver. Il avait donc calculé qu'il passerait bientôt par Panama, et il nous le ferait savoir par télégramme, depuis l'escale précédant l'entrée dans le canal. La lettre contenait en outre quelques réflexions sur nos activités à la Villa Rosa, lesquelles, sans cesser d'ébranler son puritanisme islamique, éveillaient en lui un humour espiègle qui trahissait l'innocence et la grâce enfouies au fond de lui, dissimulées par son talent de marchand levantin. Les nouvelles d'Abdul nous furent un grand soulagement et la perspective de le revoir bientôt nous réjouit au plus haut point. Mais la lettre d'Abdul aiguisa l'anxiété d'Ilona, ainsi que je l'avais prévu. Un matin, alors que nous prenions le petit déjeuner sur la terrasse, elle aborda le problème avec l'intensité réfléchie qu'elle déposait dans chacun de ses mots lorsqu'il s'agissait de son affectivité. Tandis qu'elle me servait une tasse de thé, avec les gestes cérémonieux qu'elle avait toujours employés pour cette occasion depuis le premier jour où nous avions vécu ensemble, elle me dit, de sa voix la plus grave :

– Je ne sais pas ce que nous allons faire de Larissa. Je sens qu'elle ne peut pas rester ici. Mais l'emmener avec nous serait une trop grande responsabilité. Qu'en penses-tu?

Les yeux fixés sur sa tasse, elle servait le thé avec une lenteur qui révélait l'attente anxieuse de ma réponse.

– Je crois, dis-je après avoir bien mesuré les mots que j'allais employer, que l'affaire est plus compliquée encore que tu ne le penses. Si cette femme continue de vivre dans les décombres du *Lepanto,* elle tombera inévitablement et rapidement dans une irréversible déchéance physique et mentale. Le temps de son attente est fini. Face à l'abîme, au néant, elle se raccroche tel un naufragé à sa bouée de sauvetage, à ton amitié, à ta compréhension, à ton intérêt pour l'expérience invraisemblable qu'elle a vécue. Je vois en revanche, et avec une évidence qui m'affole, que ce n'est pas toi qui la sors du bourbier qui la dévore; c'est elle qui t'y attire avec une force que tu ne peux même pas mesurer. L'emmener avec nous ne résoudrait rien, bien évidemment. De plus, je suis persuadé que rien ne la fera partir du *Lepanto.* Elle « est » ce bateau, elle fait partie de ses débris précipités sur la grève; au point que l'on ne sait pas où ils finissent et où elle commence. Le problème n'est pas Larissa, il y a longtemps qu'elle a cessé de réfléchir et de s'interroger. Le problème c'est toi qui, sans voir jusqu'où tu t'engageais, as parcouru avec elle un bout de chemin dont j'ignore la longueur, de sorte que je ne peux savoir s'il t'est encore possible de faire machine arrière. Toi seule le sais. Je me rends compte que je ne te suis pas d'un grand secours. J'ignore jusqu'où vont les liens qui t'unissent à elle. Et non seulement jusqu'où ils vont, mais leur nature. Je ne sais pas. Je ne sais que te dire.

Ilona n'avait pas bu son thé et me regardait avec des yeux inquiets et désemparés.

– Non, répondit-elle, je n'ai pas couché avec elle, si c'est ce que tu te demandes. Cela n'aurait d'ailleurs pas grande importance. Tu me connais suffisamment pour savoir que ce ne sont pas des liens de ce genre qui peuvent me faire changer de vie. C'est plus profond et plus terrible. Une espèce de sympathie effrénée qui me rend responsable de ce qui peut lui arriver et, pire et plus incompréhensible encore, de ce qu'elle a souffert. Il y a quelque chose en Larissa qui éveille en moi des démons, des signes funestes que dès mon enfance j'avais appris à dompter, à anesthésier afin qu'ils ne montent pas à la surface pour me détruire. Cette femme possède l'étrange faculté de les faire réapparaître et pourtant, en lui offrant mon aide et en l'écoutant avec bienveillance, je parviens de nouveau à apaiser cette meute dévastatrice. Voilà pourquoi, moi non plus, je ne sais pas ce que je peux faire pour elle ni comment la quitter.

Je lui répondis que, comme tant d'autres fois au cours de notre vie et chez tous les êtres humains, la réponse et la solution que nous cherchions pour sortir de l'impasse nous viendraient du hasard, des carrefours insoupçonnés et imprévisibles du temps. Je me rendis compte que c'était là une consolation assez précaire et que, dans son infaillible lucidité, elle devait penser que ces carrefours du temps avaient aussi coutume de nous réserver l'horreur inconcevable de leurs machinations et de leurs surprises. Nous poursuivîmes notre petit déjeuner en silence. De toute évidence, ni l'un ni l'autre n'avions plus grand-chose à dire. Nous pouvions seulement poursuivre nos projets de départ, sans faire cas d'une affaire dont la solution nous échappait, peut-être parce qu'il ne nous appartenait pas de la chercher, et moins encore de la trouver.

La fin du *Lepanto*

Larissa continuait de nous rendre visite mais elle avait annulé tous ses rendez-vous avec ses clients. Elle parlait très peu et traînait une irrémédiable fatigue ; un épuisement qui la tenait au bord d'un long sommeil, lequel s'annonçait de façon de plus en plus péremptoire. Longinos avait pris l'entreprise en main d'une manière si efficace et discrète que nous en arrivions à nous sentir comme ses hôtes, toujours bien servis, mais déjà étrangers à la vie de la Villa Rosa. La farce des hôtesses de l'air appartenait au passé. De temps en temps, nous croisions une belle visiteuse que nous ne connaissions pas ou l'élégant employé d'une banque ou d'une entreprise commerciale qui nous regardait comme des intrus avec qui il évitait discrètement tout contact. Nous réunîmes le total de nos bénéfices et le déposâmes sur un compte commun dans une banque luxembourgeoise que nous avait recommandée Abdul. Nous n'attendions plus que son message pour fixer la date de notre départ. Je savais que le destin de Larissa demeurait pour Ilona une interrogation déchirante et sans réponse. Un matin, Longinos monta pour me parler. Je remarquai qu'il ne voulait pas le faire en présence d'Ilona. Je descendis avec lui, sous un prétexte quelconque, et il me dit à voix basse que Larissa voulait me voir. L'après-midi même elle m'attendrait sur le bateau.

Lorsque j'arrivai à l'endroit où était échouée l'informe ruine du *Lepanto,* la femme passa la tête par le hublot de son refuge et m'invita à monter. La cabine qui avait été celle du Gaditain était dans un désordre et une pauvreté lamentables. Le lit, couvertures défaites, exhalait des senteurs mêlées de sueur et de parfum bon marché. Une légère odeur de gaz venait d'un réchaud placé sur ce qui avait dû être autrefois l'étagère des cartes de navigation. Au-dessus il y avait une petite bonbonne de propane et quelques ustensiles de cuisine ébréchés et cabossés. A l'intérieur de l'armoire encastrée dans le mur pendaient des vêtements que je reconnus à l'instant comme ceux que portait leur propriétaire pour nous rendre visite à la Villa Rosa. Larissa était debout, adossée au hublot, me regardant d'un air absent comme si elle avait du mal à me reconnaître. Il n'y avait rien où s'asseoir. Je restai debout tandis qu'elle commençait à prononcer des phrases entrecoupées et sans suite. Elle évoqua notre prochain départ et quelque chose sur le tour nouveau que prenait la situation à la Villa Rosa. Je lui fis quelques réponses évasives, en attendant de savoir la raison pour laquelle elle m'avait demandé de venir jusqu'ici. Après un bref silence, elle se laissa choir sur le lit, et cachant son visage dans ses mains, elle parla d'une voix sourde qui s'efforçait de contenir les larmes.

– Ilona ne peut pas partir. Elle ne peut pas me laisser seule ici. Je n'oserai jamais le lui demander. Vous, vous le pouvez. S'il vous plaît, Maqroll, si elle m'abandonne, il ne me restera rien, rien du tout, vous voyez bien – du bras elle me montra la cabine en un geste de découragement pathétique. Je ne savais que lui répondre.

– Parlez avec elle, suggérai-je, persuadé que je ne ferais pas avancer les choses. Pour l'instant je n'ai aucune solution en tête. Venez nous voir et nous en parlerons ensemble. Je ne sais pas. Je ne crois pas pouvoir vous aider beaucoup.

Elle avait de nouveau caché son visage dans ses mains. Lorsque j'eus fini de parler, elle haussa les épaules avec le désespoir de qui se sent définitivement perdu.

Je retournai à la maison et racontai ma visite à Ilona.

– Il faut résoudre ça tout de suite. La laisser dans l'expectative ne peut que la faire souffrir plus encore. Demain je te dirai ce que j'ai décidé, dit-elle avec la fermeté de qui ne désire pas prolonger un supplice inutile.

Nous nous assîmes sur la terrasse en attendant que la nuit vienne et nous apporte le sommeil. Nous évoquâmes des épisodes de nos aventures avec Abdul Bashur et, pour la énième fois, certains traits de notre ami qui nous émouvaient particulièrement. Nous finîmes par nous rappeler ceci, qui était la plus parfaite illustration de son caractère : un jour, il était parti brusquement d'Abidjan où nous étions allés conclure une affaire de statuettes de bronze anciennes que nous vendait le chef d'une tribu de l'intérieur du pays, et dans le seul but de rendre une part de l'énorme bénéfice qu'il avait gagné grâce à un transport de pèlerins de Tripoli à La Mecque. « L'homme qui a organisé le voyage, nous avait-il expliqué, est un saint innocent qui a accepté la première somme que je lui ai proposée. Je vais lui en rendre la moitié. Ainsi je serai tranquille. » Nous lui opposâmes que cela pouvait attendre, que sa présence était indispensable en Côte-d'Ivoire car nous n'étions pas très experts en sculptures africaines. Il n'y eut pas moyen de le convaincre. Il partit le soir même et dix jours plus tard revint, l'humeur sombre, avec une expression de culpabilité bouleversante. Le patriarche était mort et n'avait laissé aucun parent pour régler ses affaires. La communauté chiite à laquelle il appartenait n'avait pas voulu de l'argent d'Abdul. « Ils n'ont pas compris mes intentions, dit-il. Ils ont cru que je voulais faire le malin avec eux. Je donnerai la somme à la léproserie de Sassandra. » Ce qu'il fit. La somme en question nous aurait permis de doubler nos bénéfices sur les statuettes de bronze et nous ne pûmes acquérir la pièce principale, celle pour laquelle on nous aurait offert le plus en Europe.

Cette nuit-là, Ilona se tourna et se retourna dans son lit. Je l'entendis se lever pour aller prendre un peu d'air frais sur la terrasse. Il était évident qu'elle ne parvenait pas à dormir. Lorsque je m'éveillai, elle était étendue sur l'une des chaises longues. Elle était si fatiguée que le calme de sa voix me surprit lorsqu'elle me fit savoir la résolution qu'elle avait arrêtée.

– Partons, Maqroll. Partons d'ici. Je m'en vais sans remords. Je ne sombrerai pas avec Larissa. Elle, il y a longtemps qu'elle est sur l'autre rive. Il ne s'agit pas de savoir si on peut ou non la sauver. Cela ne dépend ni de moi ni de qui que ce soit qui appartienne encore au monde des vivants. Qui sait à quel moment elle a assisté à ses propres funérailles. Tu te souviens que je n'aime pas les enterrements et que je n'ai jamais assisté à aucun. Je parlerai à Larissa au moment voulu. J'estime l'affaire classée.

Connaissant Ilona comme je la connaissais, je n'ai pas douté le moins du monde de sa fermeté ni de sa détermination. Sa foi en la vie avait toujours eu quelque chose de félin, d'instantané, comme un réflexe où la raison ne jouait aucun rôle. En réalité, il n'y avait plus rien à dire sur Larissa. Peu importait le prix que celle-ci devrait payer elle-même. Les dés étaient jetés, la partie était jouée.

Longinos acheta une petite camionnette

d'occasion grâce à laquelle nous consacrâmes notre temps à faire avec lui la tournée des endroits que nous avions fréquentés auparavant, qui nous rappelèrent mes jours de pénurie et ceux de prospérité subite dès l'apparition d'Ilona. De temps à autre, Larissa nous accompagnait. Bien qu'Ilona ne lui eût pas encore parlé, Larissa pressentait le verdict qui l'attendait. Au cours des sorties que nous fîmes avec elle, elle n'en parla jamais. Je ne remarquai pas qu'elle fût plus triste, ni plus vestale des ombres qu'à l'ordinaire. Le télégramme d'Abdul arriva un samedi après-midi. Dans une semaine il serait à Cristobal. Il nous attendrait à bord du tout nouveau *Fairy of Trieste.* Dans la cale il y avait des bouteilles du meilleur tokay. Cette partie du message était destinée à Ilona, dont la prédilection pour le vin magyar était l'objet de fréquentes moqueries de notre part. Ce qu'Abdul ne soupçonnait pas, parce que nous le lui avions caché pour lui en faire la surprise, était que nous repartirions avec lui. La veille de notre départ, Ilona me dit qu'elle allait parler à Larissa. Elle était calme, mais sur son visage on remarquait cette raideur qui trahit la douleur contenue, acceptée cependant comme le prix irrémédiable à payer pour continuer d'être ce que nous sommes.

Nous prîmes un rapide repas froid. A la fin du déjeuner j'allai m'étendre pour faire une sieste. Ilona me dit au revoir avec un léger baiser sur le front.

– Ce ne sera pas facile, Gaviero. Tu ne peux pas savoir à quel point ça fait mal. C'est comme d'aller frapper un invalide. Mais il n'y a pas d'autre issue. *Les jeux sont faits* *.

Je l'ai vue disparaître dans l'embrasure de la porte avec la démarche souple de ses longues jambes et le balancement de ses épaules qui lui conféraient une perpétuelle adolescence. Je plongeai dans un profond sommeil. Lorsque je me réveillai il faisait presque nuit. Ma tête était lourde d'avoir tant dormi. La chaleur avait considérablement augmenté, comme toujours à l'approche des premières pluies. C'était le premier orage de la saison. De lointains éclairs illuminaient le ciel avec une intermittence fulgurante, comme dans un opéra. On entendait à peine les coups de tonnerre mais il était facile de deviner que l'orage approchait. Soudain, Longinos fit irruption dans ma chambre, l'air affolé et le visage baigné de larmes. Il pouvait à peine parler :

– Madame, monsieur, madame, venez avec moi.

Il tremblait comme un animal traqué. Je m'habillai avec ce que j'avais sous la main et nous montâmes dans la camionnette.

– Laisse-moi conduire, lui dis-je, dans cet état tu ne peux pas.

– Non, monsieur, me répondit-il, un peu plus maître de lui, vous n'avez pas de permis. Je peux conduire. Allons-y.

En chemin il pleura sans arrêt et ne put rien m'expliquer. Nous arrivâmes à l'endroit où s'était échoué le *Lepanto.* Un groupe de curieux entourait un petit monticule de cendres que les pompiers fouillaient en s'éclairant avec une lampe de poche. Les faisceaux de lumière parcouraient des poutrelles tordues, des morceaux de bois carbonisés dont les moignons surgissaient entre les pierres et les blocs de ciment noircis par l'incendie. Je m'approchai de l'un des pompiers et lui demandai ce qui s'était passé.

– C'est la bonbonne de gaz que cette folle avait dans sa cabine qui a explosé. Quelle idée. Tout a volé en éclats. L'incendie a été immédiat. Elle, on l'a trouvée, mais il paraît qu'il y avait quelqu'un d'autre.

Soudain il me regarda d'un air intrigué. Longinos prit les devants :

– Non, ce monsieur ne la connaissait pas. Moi oui, je reste ici pour le cas où je pourrais vous être utile à quelque chose.

Le pompier ne parut pas faire cas de lui et retourna à sa tâche.

– La voilà, la voilà, cria-t-on soudain entre les décombres.

Quelques instants plus tard, un pompier passa devant nous en portant, enveloppé dans un drap qu'il tenait par les quatre coins, un paquet informe et carbonisé. Du drap, noir de terre et de cendres, gouttait un liquide rosâtre qui tachait à peine la chaussée. Le pompier qui s'était adressé à nous s'approcha de Longinos :

– Venez plus tard à l'amphithéâtre pour nous aider à identifier les corps. Ce sera très difficile. Ils sont presque complètement carbonisés. Mais on pourra peut-être trouver quelque chose : documents, bijoux. Laissez-moi votre nom et votre adresse.

Longinos les lui donna. Le pompier prit note sur un carnet qu'il sortit de la poche de sa chemise.

Nous contemplâmes abasourdis ce qui restait du *Lepanto*. Les curieux se dispersèrent.

Seules restèrent cinq ou six personnes. J'entendis le martèlement bien connu d'une jambe orthopédique sur la chaussée et je me retournai. C'était le concierge de la pension Astor qui se perdait parmi les ombres de la rue d'en face. Alors ce qui était arrivé me saisit soudain de plein fouet. Tout avait été si brusque que je n'avais agi jusque-là que par réflexes, absent. Longinos me prit par le bras :

– Allons chez Alex, monsieur. Il faut que vous buviez quelque chose. Vous avez une tête!

Nous nous dirigeâmes vers le bar. Derrière le comptoir, Alex me servit une vodka avec deux glaçons. Il posa la main sur mon bras et, d'une voix compatissante qui venait du fond de son âme, il me dit :

– Je sais que cela vous fait très mal, Gaviero. Comptez sur moi pour ce que vous voudrez. Je suis votre ami. Vous le savez. Restez ici un moment. Aussi longtemps que vous le voudrez.

Il alla au bout du comptoir et baissa le volume de la musique autant que le permettait la clientèle animée de l'établissement.

Une douleur sourde commençait à grandir

dans ma poitrine. C'était comme un hérisson qui enflait, déchirant tout, sans trêve et sans répit. Longinos, à côté de moi, m'observait l'air affligé. Je ne sais pas combien de temps je restai là. Après minuit, Longinos me conduisit jusqu'à l'hôtel Miramar. La propriétaire, avec la même compassion aussi sincère, me prépara immédiatement une chambre. Je ne pouvais pas rentrer à la Villa Rosa. Longinos ne voulait pas me laisser seul mais j'insistai pour qu'il se chargeât des démarches judiciaires. Je lui demandai aussi de me rapporter des vêtements, une serviette contenant des papiers et une valise qui se trouvait dans ma chambre.

– Je reviens tout de suite. Attendez-moi s'il vous plaît, me dit-il, à l'évidence soucieux de me laisser seul.

– Pars tranquille, lui dis-je. Ne t'inquiète pas de moi. Ici je suis bien. Je ne veux voir personne. Reviens quand tu pourras.

Il s'en alla un peu plus rassuré. Je m'allongeai sur le lit en essayant de faire le vide dans ma tête. C'était impossible. Le souvenir d'Ilona envahissait avec une voracité dévastatrice chaque seconde de ce présent en arrêt, figé, intolérable. Je ne pouvais écarter l'image obsédante et inconcevable du tas de chair carbonisée que le pompier portait dans le drap anonyme d'une ambulance, ni celle des gouttes roses tombant sur la chaussée, se mêlant aux premières gouttes de l'averse qui maintenant tombait avec la véhémence torrentielle des pluies de l'isthme. Ilona était morte. Ilonka, ma tendre, quel coup ignoble contre ce que la vie a de meilleur. Les souvenirs se mirent à défiler. Les yeux secs, sans la consolation des larmes, je passai de longues heures dans une ultime tentative pour conserver intactes, un moment encore, les images du passé que la mort commençait à dévorer pour toujours. Car ce que la mort supprime, ce ne sont pas les êtres qui nous sont proches et sont notre vie même. Ce que la mort emporte pour toujours, c'est leur souvenir, leur image qui s'estompe, se dilue peu à peu, jusqu'à se perdre, et c'est alors que nous commençons à mourir nous aussi. Lorsqu'elle était vivante, l'absence d'Ilona m'était connue et familière. Son absence définitive m'était si difficile et si douloureuse à imaginer que je préférais retourner à mes souvenirs. J'y trouvais encore un refuge, efficace et fragile, le seul qui pouvait me secourir en cet instant pour que je ne m'effondre pas dans le néant.

Longinos arriva avec les vêtements de rechange et les papiers. Il était allé à la morgue. Il avait pu identifier Larissa à l'une de ses bagues. D'après les pompiers, elle avait ouvert le gaz et l'avait laissé échapper presque dans sa totalité. On pouvait penser que c'était la même personne qui avait mis le feu. L'explosion avait été si brutale qu'elle avait tout consumé en une seconde.

– C'est Larissa, monsieur. Putain de sorcière. Je n'ai jamais eu la moindre confiance en elle. Cette femme était folle. Elle a tendu un piège à madame Ilona pour qu'elle ne parte pas. C'est pour ça qu'elle était si douce ces derniers jours.

Le pauvre Longinos pleurait de nouveau avec la douleur candide des êtres primitifs et innocents, qui est la seule façon d'accompagner les morts et de trouver quelque soulagement à leur absence. Je l'invitai à aller dormir. Le jour suivant, il devait m'emmener jusqu'à Cristobal pour attendre Abdul.

Le lendemain matin, très tôt, Longinos m'attendait dans le hall de l'hôtel. Nous nous rendîmes d'abord à la banque. Là, je virai tout l'argent d'Ilona sur le compte de sa cousine d'Oslo, qui vivait maintenant à Trieste. C'était la seule survivante de la famille. Ilona l'aimait beaucoup, mais n'avait pas la patience de supporter ses observations de bourgeoise conventionnelle qui ne comprenait pas comment sa cousine pouvait mener une telle existence. En route vers Cristobal, j'expliquai à Longinos comment je voulais que les restes de notre amie soient inhumés. Une simple pierre tombale avec son nom, Ilona Grabowska et, au-dessous, en petites lettres : « Ses amis, Abdul et Maqroll, qui l'ont tant aimée. » Nous nous tûmes. Lorsque nous arrivâmes à Cristobal, un petit bateau peint en bleu et en orange s'approchait lentement du quai. Un élancement douloureux dans la poitrine me rappela le devoir désolant qui m'attendait : annoncer à Abdul qu'Ilona, notre amie, n'était plus parmi nous. A la proue du navire, je parvins à lire clairement *Fairy of Trieste.*

TABLE

Dans la collection
Les Cahiers Rouges

Salvador Dali	107	*Les Cocus du vieil art moderne*
Léon Daudet	29	*Les Morticoles*
Joseph Delteil	15	*Choléra*
Joseph Delteil	69	*Les Poilus*
Joseph Delteil	16	*Sur le fleuve Amour*
André Dhôtel	27	*Le Ciel du faubourg*
Charles Dickens	145	*De grandes espérances*
Carlo Emilio Gadda	140	*Le Château d'Udine*
Gabriel García Márquez	132	*Des feuilles dans la bourrasque*
Gabriel García Márquez	137	*Des yeux de chien bleu*
Gabriel García Márquez	123	*Les Funérailles de la Grande Mémé*
Gabriel García Márquez	124	*L'Incroyable et triste histoire de la candide Erendira*
Gabriel García Márquez	138	*La Mala Hora*
Gabriel García Márquez	130	*Pas de lettre pour le colonel*
Gauguin	156	*Lettres à sa femme et à ses amis*
Maurice Genevoix	02	*La Boîte à pêche*
Nathalia Ginzburg	139	*Les Mots de la tribu*
Jean Giono	34	*Mort d'un personnage*
Jean Giono	71	*Naissance de l'Odyssée*
Jean Giono	155	*Regain*
Jean Giraudoux	46	*Bella*
Jean Giraudoux	103	*Siegfried et le Limousin*
Ernst Glaeser	62	*Le Dernier Civil*
William Goyen	142	*Savannah*
Jean Guéhenno	117	*Changer la vie*
Louis Guilloux	134	*Angélina*
Louis Guilloux	76	*Dossier confidentiel*
Louis Guilloux	05	*La Maison du peuple*
Kléber Haedens	35	*Adios*
Kléber Haedens	89	*L'été finit sous les tilleuls*
Kléber Haedens	97	*Une histoire de la littérature française*
Knut Hamsun	53	*Vagabonds*
Joseph Heller	44	*Catch 22*
Louis Hémon	19	*Battling Malone*
Louis Hémon	55	*Monsieur Ripois et la Némésis*
Hermann Hesse	82	*Siddhartha*
Panaït Istrati	30	*Les Chardons du Baragan*
Pascal Jardin	102	*La Guerre à neuf ans*
Ernst Jünger	157	*Le Contemplateur solitaire*
Franz Kafka	10	*Tentation au village*
Jacques Laurent	41	*Le Petit Canard*
Le Golif	59	*Cahiers de Le Golif, dit Borgnefesse*
Paul Léautaud	126	*Bestiaire*

G. Lenotre	99	*La Révolution par ceux qui l'ont vue*
G. Lenotre	100	*Sous le bonnet rouge*
Primo Levi	85	*La Trêve*
Suzanne Lilar	131	*Le Couple*
Pierre Mac Orlan	11	*Marguerite de la nuit*
Vladimir Maïakovski	112	*Théâtre*
Norman Mailer	81	*Pourquoi sommes-nous au Vietnam ?*
Norman Mailer	36	*Un rêve américain*
André Malraux	28	*La Tentation de l'Occident*
Thomas Mann	03	*Altesse royale*
Heinrich Mann	13	*Professeur Unrat (l'Ange bleu)*
Thomas Mann	25	*Sang réservé*
François Mauriac	37	*Les Anges noirs*
François Mauriac	38	*La Pharisienne*
Paul Morand	90	*Air indien*
Paul Morand	83	*Bouddha vivant*
Paul Morand	113	*Champions du monde*
Paul Morand	48	*L'Europe galante*
Paul Morand	04	*Lewis et Irène*
Paul Morand	67	*Magie noire*
Alvaro Mutis	163	*Ilona vient avec la pluie*
Alvaro Mutis	159	*La Neige de l'Amiral*
Vladimir Nabokov	06	*Chambre obscure*
Irène Némirovsky	122	*L'Affaire Courilof*
Irène Némirovsky	51	*Le Bal*
Irène Némirovsky	63	*David Golder*
Irène Némirovsky	87	*Les Mouches d'automne*
Paul Nizan	50	*Antoine Bloyé*
François Nourissier	07	*Un petit bourgeois*
René de Obaldia	08	*Le Centenaire*
René de Obaldia	151	*Innocentines*
Joseph Peyré	40	*L'Escadron blanc*
Joseph Peyré	98	*Sang et Lumières*
Charles-Louis Philippe	57	*Bubu de Montparnasse*
André Pieyre de Mandiargues	118	*Le Belvédère*
André Pieyre de Mandiargues	119	*Deuxième Belvédère*
André Pieyre de Mandiargues	26	*Feu de Braise*
Henry Poulaille	65	*Le Pain quotidien*
John Cowper Powys	96	*Camp retranché*
Charles-Ferdinand Ramuz	66	*Aline*
Charles-Ferdinand Ramuz	43	*Derborence*
Charles-Ferdinand Ramuz	104	*La Grande Peur dans la montagne*
Jean François Revel	75	*Sur Proust*
André de Richaud	22	*La Barette rouge*

André de Richaud	86	*La Douleur*
André de Richaud	20	*L'Étrange Visiteur*
Rainer-Maria Rilke	24	*Lettres à un jeune poète*
Marthe Robert	94	*L'Ancien et le Nouveau*
Mark Rutherford	111	*L'Autobiographie de Mark Rutherford*
Maurice Sachs	73	*Au temps du Boeuf sur le toit*
Vita Sackville-West	141	*Au temps du roi Edouard*
Leonardo Sciascia	128	*L'Affaire Moro*
Leonardo Sciascia	110	*Du côté des infidèles*
Leonardo Sciascia	109	*Pirandello et la Sicile*
Jorge Semprun	144	*Quel beau dimanche*
Victor Serge	58	*S'il est minuit dans le siècle*
Friedrich Sieburg	135	*Dieu est-il Français?*
Ignazio Silone	21	*Une poignée de mûres*
Philippe Soupault	70	*Poèmes et poésies*
Roger Vailland	147	*Les Mauvais coups*
Vincent Van Gogh	105	*Lettres à son frère Théo*
Vincent Van Gogh	148	*Lettres à Van Rappard*
Vercors	158	*Sylva*
Paul Verlaine	146	*Choix de poésies*
Jakob Wassermann	160	*Gaspard Hauser*
Mary Webb	54	*Sarn*
Kenneth White	56	*Lettres de Gourgounel*
Walt Whitman	106	*Feuilles d'herbe*
Zola, Maupassant, Huysmans, Céard, Hennique, Alexis	129	*Les soirées de Médan*
Stefan Zweig	64	*Brûlant secret*
Stefan Zweig	12	*Le Chandelier enterré*
Stefan Zweig	91	*Érasme*
Stefan Zweig	31	*La Peur*
Stefan Zweig	14	*La Pitié dangereuse*

Cet ouvrage a été reproduit
par procédé photomécanique
par la SOCIÉTÉ NOUVELLE FIRMIN-DIDOT
Mesnil-sur-l'Estrée
pour le compte des éditions Grasset
en mai 1992

Imprimé en France
Dépôt légal : mai 1992
N° d'édition : 8847 – N° d'impression : 20863
ISBN 2-246-44631-7
ISSN 0756-7170